Arbeitsgemeinschaft Medizinrecht im
Deutschen Anwaltverein, Berlin
Institut für Rechtsfragen der Medizin, Düsseldorf (Hrsg.)

Aktuelle Entwicklungen im Medizinstrafrecht

4. Düsseldorfer Medizinstrafrechtstag

Nomos

Deutscher Anwaltverein
Arbeitsgemeinschaft Medizinrecht

Institut für Rechtsfragen der Medizin Düsseldorf

Die Deutsche Nationalbibliothek verzeichnet diese Publikation in der Deutschen Nationalbibliografie; detaillierte bibliografische Daten sind im Internet über http://dnb.d-nb.de abrufbar.

ISBN 978-3-8487-1157-4

1. Auflage 2014

Vorwort

Am 14. November 2013 veranstalteten das Dr. med. Micheline Radzyner Institut für Rechtsfragen der Medizin (IMR) der Heinrich-Heine-Universität Düsseldorf und die Arbeitsgemeinschaft Medizinrecht des Deutschen Anwaltvereins (DAV) zum vierten Mal den Düsseldorfer Medizinstrafrechtstag. Mit Ausnahme des von VorsRiBGH Prof. Dr. *Thomas Fischer* gehaltenen Vortrags über „*Aktuelles zur Strafbarkeit von Ärzten wegen Vermögensdelikten*“ werden die Referate auch dieses mal wieder in einem Tagungsband dokumentiert und damit der Fachöffentlichkeit zugänglich gemacht.

Zu Beginn gibt *Schwedhelm* einen Überblick über die „*Steuerstrafrechtlichen Risiken in der Arztpraxis*“, wobei er zuvörderst auf den Tatbestand der zentralen Vorschrift des § 370 AO eingeht. Sodann werden die wichtigsten Grundsatzentscheidungen zur Strafzumessung unter besonderer Würdigung der „Millionengrenze“ erörtert. Nach einer Darstellung der Verjährungsvorschriften im Steuerstrafrecht widmet sich der Schwerpunkt der Ausarbeitung der strafbefreienden Selbstanzeige und ihren Voraussetzungen. Zuletzt werden Handlungsleitlinien formuliert, wie im Falle einer Durchsuchung durch die Steuerfahndung zu reagieren sei.

Dem nachfolgend erörtert *Olzen* „*Rechtliche Grundlagen der Zwangsbehandlung*“ psychisch kranker Patienten. Nach einigen statistischen Belegen für die praktische Relevanz der Thematik stellt er zunächst den Wandel der Rechtsprechung der letzten acht Jahre dar, welcher maßgeblich durch Judikate des Bundesgerichtshofs und vor allem des Bundesverfassungsgerichts geprägt wurde. Anschließend wird die neue, am 26. Februar 2013 in Kraft getretene Rechtsgrundlage für die betreuungsrechtliche Zwangsbehandlung in § 1906 Abs. 3 und 3 a) BGB vorgestellt und überwiegend positiv gewürdigt. Die Zwangsbehandlung nach öffentlich-rechtlichen Vorschriften wird beispielhaft an § 18 Abs. 4 PsychKG NRW erläutert, wobei auch auf sich aus der Rechtsprechung des Bundesverfassungsgerichts zur Zwangsbehandlung im Maßregelvollzug ergebende Bedenken hinsichtlich einer hinreichenden verfassungsrechtlichen Bestimmtheit dieser Regelung hingewiesen wird. Sodann erörtert *Olzen* noch eingehend die Auswirkung von Patientenverfügungen auf die Zulässigkeit von Zwangsbehandlungen und weist zum Abschluss darauf hin, dass ein Ende der langjährigen Diskussion über die Zwangsbehandlung noch immer nicht absehbar sei.

Frister und *Thomas Wostry* stellen anschließend Überlegungen zur Reichweite des § 630c Abs. 2 S. 2 und 3 BGB unter dem Titel „*Das Patientenrechtegesetz und der nemo tenetur – Grundsatz*“ an. Zuerst gehen die Autoren auf die verfassungsrechtlichen Grundpfeiler des *nemo tenetur* – Grundsatzes ein. Anschließend wird der Umfang der ärztlichen Informationspflicht untersucht, wobei herausgestellt wird, dass dieser durch die Kodifizierung des Patientenrechtegesetzes entgegen der gesetzgeberischen Konzeption sehr wohl erweitert wurde. Alsdann wird auf die Voraussetzungen und die Reichweite des Beweisverwendungsverbots gemäß § 630c Abs. 2 S. 3 BGB eingegangen. Die Verfasser konstatieren eine Beschränkung auf Straf- oder Bußgeldverfahren, die einen Behandlungsfehler zum Gegenstand haben. Die ärztliche Information über den Behandlungsfehler könne zwar als Ermittlungsansatz verwendet werden – weshalb auch eine Fernwirkung ausscheide –, sie dürfe aber nicht Grundlage für den bei strafprozessualen Eingriffen erforderlichen Verdacht sein. Der letzte Teil der Ausführungen behandelt die Problematik der Anwendung des § 630c Abs. 2 S. 3 BGB in Mehrpersonenverhältnissen. Auch im Rahmen dieser Mehrpersonenverhältnisse gelte der formale Behandlungsbegriff des § 630a BGB, weshalb Informationszuständigkeit und Strafbarkeitsrisiko unter Umständen auseinanderfallen könnten. Auf dieser Grundlage schlagen die Autoren Lösungen zur Reichweite des Verwendungsverbotes aus § 630c Abs. 2 S. 3 BGB in Mehrpersonenkonstellationen (u.a. in Bezug auf Berufsausübungsgemeinschaften, MVZ und Krankenhausbehandlungen) vor.

Harald Wostry behandelt im letzten Beitrag des Tagungsbandes die herausragende Stellung des Sachverständigen im strafrechtlichen Arzthaftungsprozess unter dem Titel „*Gutachten in Strafverfahren wegen Tötungs- und Körperverletzungsdelikten – Ansätze für die Verteidigung*“. Nachdem *Wostry* den Wandel der Sachverständigenstellung von einer richterähnlichen Stellung hin zu einer reinen Informationsquelle des Richters beleuchtet, werden die Tätigkeitsfelder des Sachverständigen umrissen. Im Folgenden werden die Möglichkeiten der Verteidigerhandlungen in den verschiedenen strafprozessualen Verfahrensstadien aufgezeigt, wobei insbesondere die Ablehnung und die Beauftragung eines eigenen Sachverständigen in den Mittelpunkt der Untersuchung rücken. Im Zwischenverfahren solle man die Aussagekraft von Leitlinien nicht überschätzen, sondern vielmehr darauf achten, ob der Sachverständige auch eine konkrete Betrachtung des Einzelfalls vorgenommen habe. Wegen der Schwierigkeiten im Hauptverfahren, die komplexen medizinischen Fragestellungen zu erfassen, solle gegebenenfalls ein eigener Sachverständiger zu Rate gezogen werden. Wünschenswert wäre es – so *Wostry* –, dass weitere Mindeststandards für Sachverständigengutachten durch die Revisionsgerichte formuliert werden würden.

Die Veranstalter hoffen, mit der Publikation dieser Beiträge den notwendigen Austausch zwischen Wissenschaft und Praxis über Gegenwartsfragen des Medizinstrafrechts weiter zu fördern.

Düsseldorf, im Februar 2014

Prof. Dr. Helmut Frister   Dr. Karl-Heinz Möller   Dr. Rudolf Ratzel

Inhalt

Steuerstrafrechtliche Risiken in der Arztpraxis

Rolf Schwedhelm[*]

A. Der Tatbestand der Steuerhinterziehung

Die Besonderheiten des Steuerstrafrechts resultieren aus der Verknüpfung zweier Rechtsgebiete, dem Strafrecht und dem Steuerrecht. Steuerstrafverteidigung ist daher nie nur Strafverteidigung, sondern auch – und aus meiner Sicht in erster Linie – Steuerstreit.

Nach § 370 Abs. 1 AO wird mit Freiheitsstrafe bis zu fünf Jahren oder mit Geldstrafe bestraft, wer

- gegenüber den Finanzbehörden unrichtige oder unvollständige Angaben über steuererhebliche Tatsachen (§ 370 Abs. 1 Nr. 1 AO) macht oder
- Finanzbehörden pflichtwidrig über steuerlich erhebliche Tatsachen in Unkenntnis lässt oder
- pflichtwidrig die Verwendung von Steuerzeichen/Steuerstemplern (praktisch ohne Bedeutung) unterlässt

und dadurch Steuern verkürzt oder für sich oder einen anderen nicht gerechtfertigte Steuervorteile erlangt.

Das Gesetz differenziert nicht nach der Art der Tatbegehung. Alleiniger Anknüpfungspunkt ist die unrichtige, unvollständige oder unterlassene Angabe steuerlich erheblicher Tatsachen. Die Erschleichung einer Vorsteuererstattung steht nach dem Gesetzeswortlaut dem Verschweigen von Zinseinnahmen gleich.

Besonders eklatant wird dieses Problem, wenn man sich vergegenwärtigt, dass im Rahmen der Steuererklärung rechtliche Einordnungen vorgenommen werden, die eine Subsumtion voraussetzen. Zwar hat der BGH klar entschieden, dass der Steuerpflichtige in seinen Steuererklärungen jede ihm günstige Rechtsansicht vertreten darf.[1] Eine Steuerhinterziehung scheidet

---

* Rechtsanwalt Dr. *Rolf Schwedhelm* ist Fachanwalt für Steuerrecht und Partner der STRECK MACK SCHWEDHELM Partnerschaft mbB, Rechtsanwälte und Fachanwälte für Steuerrecht, Köln Berlin München.

1 BGH Urt. v. 10.11.1999 – 5 StR 221/99, wistra 2000, S. 137 ff.

daher aus, wenn der Steuerpflichtige mit der Erklärung dem Finanzamt alle maßgeblichen Tatsachen mitteilt, die für eine eigene Rechtsentscheidung des Finanzamts erforderlich sind, oder ausdrücklich darauf hinweist, von welcher Rechtsansicht er bei der Verfassung seiner Erklärung ausgegangen ist. Was ist aber, wenn er einen solchen Hinweis unterlässt? Ab welchem Grad der Rechtsunsicherheit bei der Subsumtion liegt eine Steuerhinterziehung vor? Die Literatur geht im Anschluss an diese Rechtsprechung des BGH ganz einheitlich davon aus, dass der Steuerpflichtige in seiner Steuererklärung jede ernsthaft vertretbare Rechtsauffassung zugrunde legen darf und ihn – soweit er nicht von Rechtsprechung, Richtlinien der Finanzverwaltung oder Veranlagungspraxis abweicht – dann keine weitergehende Offenbarungspflicht trifft.[2] *Prof. Monika Harms*, die ehemalige Vorsitzende des 5. Strafsenats des BGH und frühere Generalbundesanwältin, hat die zitierte Entscheidung des BGH dahin gehend präzisiert, der Steuerpflichtige müsse nicht etwa jede von der Rechtsauffassung der Finanzverwaltung (bspw. in den Richtlinien) abweichende rechtliche Einordnung erläutern, solange er sich selbst auf BFH-Rechtsprechung oder andere seriöse Quellen berufen könne. *„Auch unzutreffende Rechtsansichten sind indes noch keine Täuschung über steuerlich erhebliche Tatsachen im Sinne des § 370 Abs. 1 AO, solange sie sich im Rahmen des Vertretbaren bewegen.“*[3]

Die Praxis spricht eine andere Sprache. Strafverfahren werden von den Straf- und Bußgeldsachenstellen zunehmend auch dann eingeleitet und bis hin zu Durchsuchungen auch durchgeführt, wenn die „unterlassene Erklärung“ erkennbar auf einer abweichenden Rechtsauffassung beruht.[4] Die Finanzverwaltung initiiert diese zunehmende strafrechtliche Sicht bisher rein steuerrechtlicher Streitfragen, indem sie ihren Beamten mit dem Strafbarkeitsvorwurf der Strafvereitelung droht.[5]

---

2 Vgl. nur Franzen/Gast/*Joecks*, Steuerstrafrecht, 7. Aufl., 2009, § 370 AO Rn. 128; Hübschmann/Hepp/Spitaler-*Hellmann*, AO/FGO, § 370 AO Rn. 86 f. (Nov. 2001); Beermann/Gosch-*Meyer*, AO/FGO, § 370 AO Rn. 48 f. (Aug. 2011); Kohlmann-*Ransiek*, Steuerstrafrecht, § 370 AO Rn. 237 (März 2010); sowie Kemper/*Rolletschke*, Steuerstrafrecht, § 370 AO Rn. 47 (Juni 2010).

3 *Harms*, Steuerliche Beratung im Dunstkreis des Steuerstrafrechts, Stbg 2005, S. 14.

4 Praxisbeispiele: Nach Ansicht der Finanzverwaltung zu hoch bemessene Gewährleistungsrückstellungen; Abgrenzung Anschaffungskosten – Beratungskosten; steuerpflichtiger Arbeitslohn oder steuerfreier Veräußerungsgewinn.

5 Siehe gleichlautende Erlasse der obersten Finanzbehörden der Länder, BStBl. I 2009, S. 829.

B. Strafzumessung im Steuerstrafrecht

I. Grundsatzentscheidung zur Strafzumessung vom 2.12.2008

Der 1. Strafsenat hat seit dem Sommer 2008 innerhalb der Geschäftsverteilung des BGH die Zuständigkeit für die Steuerstrafverfahren übernommen. Zuvor war diese Sonderzuständigkeit längere Zeit vom 5. Strafsenat in Leipzig wahrgenommen worden.[6] Die Karlsruher Richter haben ihre Tätigkeit mit einem Paukenschlag begonnen und sich mit einem Urteil vom 2.12.2008 grundlegend zur Strafzumessung im Steuerstrafrecht geäußert. Dabei ging es vorrangig um eine Vereinheitlichung der Strafzumessung und die Anknüpfung an das Regelbeispiel der Steuerverkürzung „in großem Ausmaß".[7]

Die Kernaussagen der Entscheidung lauten:[8]

- Eine Steuerhinterziehung „in großem Ausmaß" iSd. Regelbeispiels aus § 370 Abs. 3 Nr. 1 AO ist anzunehmen, wenn der Steuerschaden im Einzelfall mehr als € 50.000,– beträgt.
- Jedenfalls bei einem Schaden ab € 100.000,– kommt die Verhängung einer Geldstrafe somit nur bei Vorliegen von gewichtigen Milderungsgründen in Betracht.
- Bei einem Steuerschaden ab € 1 Mio. kommt eine aussetzungsfähige Freiheitsstrafe nur bei Vorliegen von besonders gewichtigen Milderungsgründen noch in Betracht. Dies bedeutet gleichzeitig, dass diese Fälle für eine Erledigung im Strafbefehlsverfahren regelmäßig nicht geeignet erscheinen.
- Die neuen Vorgaben haben entscheidende Bedeutung für die Strafzumessung und die Verjährungsfrist. § 376 AO ordnet eine verlängerte Strafverfolgungsfrist von zehn Jahren an, wenn ein Fall der schweren Steuerhinterziehung iSv. § 370 Abs. 3 AO vorliegt.

---

6 Der Wechsel in der Zuständigkeit gilt für alle Revisionen, die seit dem 1.6.2008 beim BGH eingegangen sind. In der Zuständigkeit des 5. Strafsenats verbleiben nur die Verfahren, in denen neben Verstößen gegen die AO gleichzeitig über Vorwürfe nach dem BtMG zu entscheiden ist.

7 BGH Urt. v. 2.12.2008 – 1 StR 416/08, wistra 2009, S. 107 ff.

8 BGH-Pressemitteilung Nr. 221/08, abzurufen unter www.bundesgerichtshof.de.

II. Vorgaben zur Strafrahmenwahl – „großes Ausmaß" ab € 50.000,– oder erst ab € 100.000,–

In der „Dezember"-Entscheidung des 1. Strafsenats war zunächst noch offengeblieben, wie die genannten Grenzen von € 50.000,– und € 100.000,– genau voneinander abzugrenzen sein sollten. Dies hat der Senat in drei nachfolgenden Entscheidungen präzisiert.[9] Dabei ging es jeweils um Fälle, in denen Steuerschäden zwischen € 50.000,– und € 100.000,– eingetreten waren.

Systematisch ist zu beachten, dass im Bereich von § 370 Abs. 3 AO verschiedene Prüfungsschritte erforderlich sind:

(1) Im ersten Schritt muss geprüft werden, ob die im Straftatbestand aufgeführten Merkmale eines Regelbeispiels erfüllt sind. Hierbei handelt es sich um eine rechtliche Subsumtion unter ein gesetzliches Merkmal, für die bestimmt werden muss, ab welchem Betrag eine Steuerverkürzung oder eine Vorteilserlangung „in großem Ausmaß" vorliegt.

(2) Im zweiten Schritt ist dann durch das Tatgericht individuell zu entscheiden, ob der Strafrahmen des Grundtatbestands oder der Strafrahmen des Regelbeispiels bei der weiteren Strafzumessung zugrunde gelegt werden soll („Strafrahmenwahl"). Diese Prüfung unterliegt, da es sich um Strafzumessung im eigentlichen Sinne handelt, nur eingeschränkt der revisionsgerichtlichen Prüfung. Die tatbestandliche Erfüllung der Merkmale des gesetzlich definierten Regelbeispiels wirken in dieser Prüfung wie ein Indiz. Sind sie erfüllt, dann besteht eine gesetzliche Vermutung für einen erhöhten Schuldgehalt der Tat, so dass auch der erweiterte Strafrahmen (regelmäßig) Anwendung finden muss. Nur ausnahmsweise kann dies durch andere Strafzumessungsfaktoren kompensiert werden – in diesen Fällen bleibt es dann beim Grundstrafrahmen aus § 370 Abs. 1 AO.

(3) Gewissermaßen im dritten Schritt hat das Instanzgericht bzw. der verantwortliche Bearbeiter der Strafsachenstelle dann innerhalb des ausgewählten Strafrahmens über die individuell angemessene Einzelstrafe zu entscheiden, die den allgemeinen Strafzumessungsfaktoren nach (vgl. § 46 StGB) für die konkrete Tat angemessen ist.

---

9 BGH Beschl. v. 5.5.2011 – 1 StR 116/11, wistra 2011, S. 347 f.; Beschl. v. 12.7.2011 – 1 StR 81/11, wistra 2011, S. 396; und Beschl. v. 29.11.2011 – 1 StR 459/11, wistra 2012, S. 151.

Zu der Frage, wann das Merkmal „in großem Ausmaß" des § 370 Abs. 3 Nr. 1 AO erfüllt ist, grenzt der Senat danach ab, ob es sich eher um eine „Unterlassenskonstellation" oder um eine „Betrugskonstellation" handelt.

In reinen Unterlassungsfällen ist das Merkmal der Steuerverkürzung oder Vorteilserlangung „in großem Ausmaß" erst ab einem Steuerschaden von € 100.000,– erfüllt.[10] Erfasst werden nicht nur Fälle, in denen keine Erklärung abgegeben wird, sondern auch der Fall, dass unrichtige Erklärungen abgegeben werden, deren Unrichtigkeit aber allein auf der Nichterklärung eines Teils der Umsätze oder Einnahmen beruht.

Die niedrigere Grenze von € 50.000,– findet zum einen Anwendung, wenn es sich um ein betrugsgleiches Geschehen handelt, insbesondere, wenn durch unrichtige Angaben bspw. im Bereich des Vorsteuerabzugs die Auszahlung ungerechtfertigter Steuervergütungen erreicht wird. Zum anderen werden aber auch die Fälle als „betrugsgleich" angesehen, in denen unrichtige Erklärungen abgegeben werden, die „nur" zu einer zu niedrigen Steuerfestsetzung führen, in denen der Täter aber über das Vorliegen von steuermindernden Umständen täuscht (zB Betriebsausgaben oder Werbungskosten vortäuscht).[11]

Der BGH hat ergänzend entschieden, dass der erweiterte Strafrahmen des § 370 Abs. 3 AO auch dann angewandt werden darf, wenn lediglich eine versuchte Steuerhinterziehung vorliegt.[12]

III. Bedeutung der „Millionengrenze" für die Strafzumessung

In der Grundsatzentscheidung aus Dezember 2008 war zunächst noch etwas unklar geblieben, wie die vom Senat angesprochene „Millionengrenze" konkret zu verstehen sein soll. Der BGH hat hierzu in zwei nachfolgenden Entscheidungen klarstellend Stellung genommen und dabei seine rechtspolitische Grundhaltung, zu einer verschärften Strafzumessung im Steuerstrafrecht aufrufen zu wollen, nochmals klar zu erkennen gegeben.[13]

In dem ersten, sehr lehrreichen Fall ging es um einen Steuerpflichtigen, der seine Anteile an einer GmbH gewinnbringend an einen ausländischen Investor verkauft hatte.

10 BGH Beschl. v. 5.5.2011 – 1 StR 116/11, wistra 2011, S. 347, Tz. 13.
11 BGH Beschl. v. 15.12.2011 – 1 StR 579/11, wistra 2012, S. 191 f.
12 BGH Beschl. v. 28.7.2010 – 1 StR 332/10, wistra 2010, S. 449 f.
13 BGH Urt. v. 7.2.2012 – 1 StR 525/11, wistra 2012, S. 236 ff.

Gemeinsam mit dem (ebenfalls wegen Steuerhinterziehung verurteilten) Berater hatte der Unternehmer die Zuzahlung, die er von dem Erwerber dafür erhalten hatte, dass er auch die Minderheitsgesellschafter zum Verkauf ihrer Anteile an den Investor bewegt hatte, als Bestandteil des (durch das Halbeinkünfteverfahren) begünstigten Veräußerungserlöses erklärt. Nachfolgend hatte er dann unter Verwendung von nachgeschriebenen Dokumenten die ihm eigentlich aus dem Geschäftsführungsvertrag noch zustehende Tantieme in eine „Schenkung" der Gesellschaft an seine Söhne bzw. seine Ehefrau umgemünzt, um so die niedrigere Steuerbelastung im Bereich der Schenkungsteuer im Vergleich zu der eigentlich anfallenden Lohnsteuer auszunutzen. Das LG hatte eine Einkommensteuerverkürzung für das Jahr des Anteilsverkaufs von rund € 890.000,– und eine Lohnsteuerverkürzung für das Folgejahr der Tantiemenzahlung von rund € 240.000,– festgestellt.[14] Gestützt ua. auf das strafmildernd wirkende Geständnis des Unternehmers, die Nachzahlung der Steuer sowie eine vermeintlich unangemessene Verzögerung des Strafverfahrens kam das LG gleichwohl noch zu einer Gesamtfreiheitsstrafe von zwei Jahren, die zur Bewährung ausgesetzt werden konnte.

Dies ließ der BGH nicht durchgehen. Bereits die für die beiden Taten verhängten Einzelstrafen seien unangemessen niedrig.[15] Der Umstand, dass der Angeklagte immerhin einen Teil des Veräußerungserlöses versteuert hatte (und sich diesen nicht etwa auf ein Auslandskonto zahlen ließ) sowie der lediglich festgestellte Eventualvorsatz seien entgegen den Ausführungen des LG keine geeigneten Strafmilderungsgründe. Der Umstand, dass der

---

14 Steuerrechtlich sind die Urteilsgründe unergiebig. Selbstverständlich könnte die Zuzahlung des Investors durchaus Bestandteil des eigentlichen Anteilskaufpreises sein. Denn in der Praxis wäre es keineswegs ungewöhnlich, dass der Erwerber bei Übernahme aller Anteile bereit wäre, einen höheren Kaufpreis für das Paket des Angeklagten zu bezahlen, als wenn er „nur" dessen Anteil erwerben würde. Sollte die Zuzahlung hingegen nach der Vereinbarung der Beteiligten tatsächlich ein Entgelt für die gesonderte Einflussnahme des Angeklagten auf seine Mitgesellschafter gewesen sein, so wäre es wohl möglich, diese mit dem LG und dem BGH als steuerpflichtige sonstige Leistung einzuordnen, die dann nicht dem Halbeinkünfteverfahren unterfiele. Mit diesen steuerlichen Finessen hält sich das Revisionsurteil des BGH nicht auf. Es geht leider auch nicht auf das Problem der Subsidiarität der sonstigen Einkünfte (§ 23 Abs. 2 EStG) ein.

15 Strafrechtlich ist zunächst für jede Tat im materiellen Sinne (vereinfacht: zu bestimmen nach Steuerpflichtigem/Steuerart/Veranlagungszeitraum) eine Einzelstrafe zu bilden. Die höchste Einzelstrafe stellt strafrechtlich dann die Untergrenze für die auszuurteilende Gesamtstrafe dar (§ 54 Abs. 1 StGB).

Steuerberater in die Sache hineingezogen worden war sowie die Ausstellung rückdatierter Falscherklärungen seien strafschärfend zu werten. Vorliegend handele es sich zudem um einen Fall aus der Kategorie der Steuerhinterziehung „in Millionenhöhe".

Dies offenbart den eigentlichen Clou der Entscheidung: Aus Sicht des Senats ist die „Millionengrenze" mithin – anders als die € 50.000,– und die € 100.000,– Grenze – nicht auf die Einzeltat zu beziehen, sondern auf die im jeweiligen Urteil anfallende Gesamtsumme. In einem solchen Fall seien „besonders gewichtige Milderungsgründe" erforderlich, um von einer zu vollstreckenden Freiheitsstrafe absehen zu können. Milderungsgründe von besonderem Gewicht habe das LG aber nicht benannt: Weder die Steuernachzahlung noch die psychische Belastung des betagten Unternehmers durch das Strafverfahren seien als solche anzuerkennen. Ein Zeitraum von 14 Monaten zwischen der Stellungnahme des Angeklagten zur Anklageschrift und der Eröffnung des Hauptverfahrens mit nachfolgender Terminierung sei auch nicht als strafzumessungsrelevante Verfahrensverzögerung iSd. Menschenrechtskonvention anzuerkennen. Hier gelte der Grundsatz der „Gründlichkeit vor der Schnelligkeit".

Im Ergebnis war somit die Revision der Staatsanwaltschaft erfolgreich. Das Urteil wurde aufgehoben und – mit dem Ziel der Verhängung einer schärferen und zu vollstreckenden Freiheitsstrafe – an das LG zurückverwiesen.

Ähnlich entschied der BGH in einem Fall der Hinterziehung von Einfuhrabgaben.[16] Beiläufig bemerkt der Senat in dieser Entscheidung noch, dass in den Fällen der einheitlichen Beihilfe zu mehreren Taten für den Gehilfen stets (d.h. auch für die € 50.000,–/€ 100.000,– Grenze) eine Zusammenrechnung der Schadensbeträge erfolgen soll. Kurioserweise ist für den Gehilfen somit das Merkmal des großen Ausmaßes selbst dann erfüllt, wenn für den Haupttäter die relevanten Einzelschadensbeträge noch unter der jeweils einschlägigen Grenze des „großen Ausmaßes" liegen.

16 Urt. v. 22.5.2012 – 1 StR 103/12, wistra 2012, S. 350 ff.

C. Steuer- und strafrechtliche Verjährung

I. Strafverfolgungsverjährung iSd. StGB

Dauer, Beginn und Unterbrechung der strafrechtlichen Verjährung sind im StGB geregelt. Die Länge der Verjährungsfrist orientiert sich an der Strafandrohung. Für die einfachen Vermögensdelikte, welche im Höchstmaß mit Freiheitsstrafe von bis zu fünf Jahren bedroht sind (bspw. § 242, § 263 oder § 266 StGB), bestimmt das Gesetz eine Strafverfolgungsverjährung von fünf Jahren (§ 78 Abs. 3 Nr. 4 StGB). Diese Regelung gilt prinzipiell auch für die Steuerhinterziehung.

Steuerstrafrechtliche Besonderheiten ergeben sich aus § 376 AO, der – insbesondere für die besonders schweren Fälle – abweichend von der allgemeinen Systematik des StGB die Verlängerung der Frist von fünf auf zehn Jahre vorsieht. Die Neuregelung des § 376 AO nF ist am 25.12.2008 in Kraft getreten. Sie nimmt tatbestandlich Bezug auf die in § 370 Abs. 3 AO definierten Regelbeispiele („Verkürzung in großem Ausmaß“ etc.) und gilt für alle Taten, die zum Zeitpunkt des Inkrafttretens der Neuregelung noch nicht verjährt waren.

Die Verjährung beginnt, sobald die Tat beendet ist (§ 78a StGB).

Sind die Steuern nicht in voller Höhe festgesetzt worden, ist auf das Datum der konkreten Festsetzung abzustellen. Maßgebend ist die Bekanntgabe des jeweiligen Bescheids (§ 124 AO).

Bei den im Anmeldungsverfahren veranlagten Steuern (Lohnsteuer, Umsatzsteuer, Kapitalertragsteuer etc.) ist für den Verjährungsbeginn auf den Eingang der Steueranmeldung beim Finanzamt abzustellen (vgl. § 168 Satz 1 AO) bzw. auf den Zeitpunkt der Zustimmung des Finanzamts zu der eingegangenen Steueranmeldung, wenn diese ein Guthaben ausweist (vgl. § 168 Satz 2 AO).

Liegt kein Steuerbescheid vor, so ist nach der Rechtsprechung des BGH bei den laufenden Steuerarten mit einem sich kontinuierlich wiederholenden Veranlagungsverfahren (Einkommen-, Gewerbe-, Körperschaft-, Vorsteuer) für den Verjährungsbeginn auf das Ende der allgemeinen Veranlagungsarbeiten abzustellen.[17] Die Verjährung beginnt nach dieser Lösung erst relativ spät, bei der Einkommensteuer ist der Abschluss der Veranlagungsar-

---

17 BGH Beschl. v. 7.11.2001 – 5 StR 395/01, BGHSt 47, 138, zur Vorsteuer; zustimmend *Rolletschke*/Kemper, Steuerstrafrecht, § 376 AO Rn. 25 (Mai 2012).

beiten häufig erst 1 ½ – 1 ¾ Jahre nach Ende des Veranlagungsjahres erreicht.[18]

Für die Anmeldungssteuern bedarf es der Suche nach dem Zeitpunkt der hypothetischen Festsetzung nicht. Denn der Zeitpunkt, zu dem die Festsetzung bei pflichtgemäßem Verhalten erfolgt wäre, lässt sich sicher bestimmen: Die Festsetzung wäre mit Eingang der Anmeldung bei dem Finanzamt erfolgt. Folgerichtig beginnt die Verjährung in diesen Fällen mit dem Ablauf der im konkreten Fall geltenden Erklärungsfrist.

II. Festsetzungsverjährung iSd. AO

Von dem Komplex der strafrechtlichen Verfolgungsverjährung zu unterscheiden ist die steuerliche Verjährung (§§ 169 bis 171 AO). Die steuerliche Festsetzungsverjährung betrifft die Frage, ob das Finanzamt noch einen (geänderten) Steuerbescheid für die zugrunde liegenden Steueransprüche erlassen kann.

Die steuerliche Festsetzungsfrist beträgt grundsätzlich vier Jahre. Sie verlängert sich auf fünf Jahre bei einer leichtfertigen Steuerverkürzung und auf zehn Jahre bei einer Steuerhinterziehung (§ 169 Abs. 2 AO).

Die steuerliche Festsetzungsverjährung beginnt zu einem anderen Zeitpunkt als die strafrechtlichen Fristen. Sie beginnt niemals unterjährig, sondern immer mit dem Ablauf eines Kalenderjahres (also mit dem 1.1.). Maßgebend ist der Ablauf des Jahres, in dem die Steuererklärung abgegeben wurde und spätestens (wenn keine Steuererklärung abgegeben wird) der Ablauf des dritten Kalenderjahres nach Entstehung der Steuer, vgl. § 170 Abs. 2 Nr. 1 AO.

Weitreichende Besonderheiten gelten insbesondere für die Schenkungsteuer; hier beginnt die Festsetzungsfrist nicht, solange der Schenker noch lebt (§ 170 Abs. 5 AO). Die Steuer auf eine Schenkung aus dem Jahr 1982, deren Schenker im Jahr 2008 verstorben ist, kann also bei Vorliegen einer Steuerhinterziehung noch bis zum 31.12.2018 festgesetzt werden.

Die steuerliche Festsetzungsfrist wird auch durch andere Tatbestände „unterbrochen". Maßgeblich sind die Tatbestände der Ablaufhemmung nach § 171 AO. Praktische Bedeutung für Steuerfahndungsverfahren hat insbe-

---

18 Zur Kritik vgl. nur Franzen/Gast/*Joecks*, Steuerstrafrecht, 7. Aufl., 2009, § 376 AO Rn. 29 ff.; *Wulf*, Beginn der Verjährung der Steuerhinterziehung bei ausgebliebener Steuerfestsetzung, wistra 2003, S. 89 ff.

sondere § 171 Abs. 5 AO („Ermittlungen der Steuerfahndung beim Steuerpflichtigen/Bekanntgabe des Straf- oder Bußgeldverfahrens"). Die Hemmungswirkung ist inhaltlich beschränkt auf die konkreten Besteuerungsgrundlagen, welche für den Steuerpflichtigen erkennbar Gegenstand der Überprüfung sind.[19] Die Hemmung dauert faktisch endlos an, da sie erst mit Unanfechtbarkeit der erlassenen Änderungsbescheide endet.[20]

D. Steigende Entdeckungsgefahr bei Steuerhinterziehung

Die Finanzbehörden sind ein mächtiges Werkzeug des Staats. Sie sind heute gut vernetzt. Kaum eine Behörde weiß soviel, wie die Finanzämter.

Es gibt die klassischen Erkenntnisquellen: Feststellungen im Rahmen von Außenprüfungen und daraus resultierende Kontrollmitteilungen. Die Prüfungstiefe hat in diesem Bereich durch den verstärkten EDV-Einsatz erheblich zugenommen.

Die Mitteilungspflicht des § 10 BpO wird erheblich schärfer gehandhabt als in der Vergangenheit. Dies ruft die Strafsachenstellen auf den Plan.

Das Internet ermöglicht grenzüberschreitende Ermittlungen des Prüfers vom Schreibtisch aus. Der Prüfer kann von zu Hause aus Webseiten ausländischer Geschäftspartner aufrufen, ausländische Register abfragen oder sich Luftbilder von beliebigen Orten auf den Bildschirm rufen. Schwerpunktstellen der Finanzverwaltung screenen bestimmte Marktsegmente.

Die internationale Zusammenarbeit der Finanzbehörden wird intensiviert. Dies betrifft nicht nur die Beantwortung förmlicher Auskunftsersuchen, sondern auch Spontanauskünfte und automatisierte Datenübermittlungen auf der Grundlage der Europäischen Verträge.

Häufig stoßen Zollbeamte beim Grenzübergang auf Bankunterlagen. Bartransfers über die Außengrenzen der EU sind meldepflichtig und auch unterhalb der meldepflichtigen Schwelle von € 10.000,– (§ 12a ZollVG) riskant.

Banken sind zu Geldwäscheverdachtsmeldungen und anderen Mitteilungen verpflichtet.

---

19 BFH Urt. v. 9.3.1999 – VIII R 19/97, BFH/NV 1999, 1186, 1187; Urt. v. 20.1.2000 – V R 98/98, BFH/NV 2000, 1143; Tipke/*Kruse*, AO/FGO, § 171 AO Rn. 66 ff. (Jan. 2012).

20 BFH Urt. v. 24.4.2002 – I R 25/01, BStBl. II 2002, 586; Tipke/*Kruse*, AO/FGO, § 171 AO Rn. 74 (Jan. 2012).

Es werden unverändert gestohlene Bankdaten durch die Finanzministerien der Länder angekauft. Dies soll durch die Einführung einer gesetzlichen Grundlage in § 202d Abs. 5 StGB (Datenhehlerei) legalisiert werden.[21] In anderen Fällen konnten Listen mit Kunden ausländischer Banken bei der Durchsuchung von Filialen inländischer Schwestergesellschaften sichergestellt werden. Mitarbeiter der Banken hatten ungeschützt mit ihren Kollegen im Ausland per E-Mail konferiert und diesen E-Mails große Datenpakete angehängt, die von IT-Fahndern in den Speichern rekonstruiert werden konnten.

Anzeigen von Mittätern, Mitwissern, geschiedenen Ehepartnern, enttäuschten Liebschaften, Nachbarn und Neidern oder von entlassenen Mitarbeitern bleiben eine bedeutsame Erkenntnisquelle.

E. Rettung in der Not, die Selbstanzeige

I. Inhalt der Selbstanzeige

Das Gesetz schreibt für die Selbstanzeige keine Form vor. Sie kann schriftlich oder mündlich erstattet werden. Um Streitfragen auszuschließen, ist eine schriftliche Selbstanzeige unabdingbar.

Die Selbstanzeige muss als solche nicht bezeichnet werden. Sie ist auf die rein für eine Nacherklärung notwendigen Informationen zu beschränken.

Die Selbstanzeige ist gegenüber der Finanzbehörde zu erstatten. Dies ist jedenfalls das örtlich und sachlich zuständige Finanzamt. Bis zur Gesetzesänderung war anerkannt, dass die Abgabe gegenüber jeder beliebigen Finanzbehörde ausreichend ist. Ob dies auch unter Geltung des neuen Gesetzeswortlauts gilt, bleibt abzuwarten.

Sind mehrere Finanzämter zuständig, genügt es, diese bei einem Finanzamt abzugeben. Im Zweifel ist die Selbstanzeige bei allen in Betracht kommenden Finanzämtern zeitgleich einzureichen.

Nach § 371 Abs. 1 AO müssen „die unrichtigen Angaben berichtigt, die unvollständigen Angaben ergänzt oder die unterlassenen Angaben nachgeholt" werden. Maßstab für den Umfang und den Inhalt der Nacherklärung ist damit die ordnungsgemäße Erklärung. Das Finanzamt muss aufgrund der

---

21 BR-Drucks. 284/13.

Selbstanzeige in der Lage sein, die notwendigen Steuerfolgen zu ziehen und die Steuerbescheide zu verfügen.

Die Übersendung von ausgefüllten Erklärungsvordrucken kann strafrechtlich nicht verlangt werden. Erforderlich ist die Angabe der Zahlen, die als Besteuerungsgrundlagen für das Finanzamt dienen können. Soweit die bisher erklärten Zahlen zutreffend sind und lediglich ihre steuerliche Qualifikation bzw. Zuordnung zu ändern ist, genügt auch die Darstellung des Sachverhalts.

Die Selbstanzeige kann in Stufen abgegeben werden. In einem ersten Schritt werden die Besteuerungsgrundlagen geschätzt. Dem Finanzamt wird mitgeteilt, dass es sich um eine Schätzung handelt. In einem zweiten Schritt erfolgt dann die Konkretisierung, etwa auf der Grundlage von Bankunterlagen etc. Die Rechtswirksamkeit einer solchen Selbstanzeige in Stufen ist anerkannt.[22]

Unzureichend ist lediglich die Ankündigung einer Selbstanzeige ohne die Angabe von ggf. geschätzten Zahlen, die den einzelnen Steuerarten und Veranlagungszeiträumen konkret zugeordnet sind.

Bei der Selbstanzeige in Stufen ist ausdrücklich darauf hinzuweisen, dass es sich im ersten Schritt um geschätzte Zahlen handelt. Die Schätzung sollte stets zu hoch, nicht aber zu niedrig sein. An die Angabe zu hoher Beträge ist man nicht gebunden. Steuerbescheide, die aufgrund der zu hoch geschätzten Zahlen ergehen, können mit dem Einspruch angefochten werden. Ein Antrag auf Aussetzung der Vollziehung ist möglich. Hat das Finanzamt eine strafrechtliche Nachzahlungsfrist auf der Basis der zunächst geschätzten Zahlen gesetzt, sollte zunächst gezahlt werden.

Sowohl um die Höhe der nacherklärten Beträge als auch um die rechtliche Qualifikation kann gestritten werden. Allerdings darf es sich hierbei nicht um einen schädlichen Widerruf der Selbstanzeige handeln.[23]

Die Selbstanzeige muss vollständig sein. Dies gilt sowohl in zeitlicher als auch in sachlicher Hinsicht. Die Berichtigung muss alle „unverjährten Steuerstraftaten“ umfassen.

Insbesondere ist darauf zu achten, dass dieser Erklärungsvorbehalt auch noch nicht abgegebene Steuererklärungen umfassen kann. Beispiel: Die Steuererklärungen für die Jahre bis 2010 sind abgegeben und erklärt. Zinseinkünfte aus einem ausländischen Konto sind nicht erfasst. Die Steuerer-

---

22 BGH Beschl. v. 20.5.2010 – 1 StR 577/09, wistra 2010, S. 304 ff.

23 Siehe die sehr strenge Entscheidung des LG Heidelberg v. 16.11.2012 – 1 Qs 62/12, AO-StB 2013, S. 133 f.

klärung 2011 ist noch nicht abgegeben, obwohl die Frist zur Abgabe der Erklärung bereits abgelaufen ist. Hier sind nicht nur die Zinseinkünfte für die Jahre bis 2010 nachzuerklären, es muss auch die Steuererklärung für das Jahr 2011 einschließlich der vollständigen Zinseinkünfte zeitgleich mit abgegeben werden.

Der Begriff der Steuerart ist nicht gesetzlich definiert. Sicher ist, dass bei der Einkommensteuer alle Einkunftsarten berichtigt werden müssen. Unklar ist auch, ob nur auf die begangene Steuerhinterziehung des konkreten Steuerpflichtigen abzustellen ist oder auch die Beteiligung an „gleichartigen" Steuerhinterziehungen verschiedener Steuerpflichtiger einzubeziehen ist. Beispiel: Der Geschäftsführer einer GmbH & Co. KG hat in der Vergangenheit im Rahmen seiner Einkommensteuererklärung unzutreffende Fahrtkosten abgerechnet. In der Gesellschaft, an der er nicht beteiligt ist, werden ausländische Gewinne verschleiert. Kann der Geschäftsführer seine Einkommensteuererklärung bezüglich der Fahrtkosten berichtigen oder muss er auch die Erklärung der Gesellschaft korrigieren?

Problematisch ist ferner, inwieweit eine unbeabsichtigt unvollständige Selbstanzeige strafbefreiende Wirkung hat.

Geringfügige Abweichungen von bis zu 5 % werden vom 1. Strafsenat des BGH als unschädlich angesehen.[24]

II. Die gesetzlichen Sperrgründe des § 371 Abs. 2 AO

Die Selbstanzeige hat keine strafbefreiende Wirkung, wenn einer der Sperrgründe des § 371 Abs. 2 AO vorliegt.

So hat die Selbstanzeige keine strafbefreiende Wirkung, wenn sie nach Bekanntgabe einer Prüfungsanordnung gem. § 196 AO abgegeben wird. Für den Zeitpunkt der Bekanntgabe gilt § 122 AO. Damit bleibt die Selbstanzeige möglich, bis die Drei-Tages-Fiktion des § 122 Abs. 2 AO eingetreten ist.

Der Umfang der Sperrwirkung richtet sich nach der Prüfungsanordnung. Dabei ist allerdings unklar, ob sich die Sperrwirkung auf die in der Prüfungsanordnung genannten Zeiträume und Steuerarten beschränkt. Dies gilt insbesondere für den Fall, dass im Unternehmen eine Prüfungsanordnung besteht, die die einheitliche und gesonderte Gewinnfeststellung betrifft.

24 BGH Beschl. v. 25.7.2011 – 1 StR 631/10, wistra 2011, S. 428 ff.

Derzeit muss davon ausgegangen werden, dass hierdurch auch eine Selbstanzeige für die Einkommensteuer der betroffenen Gesellschafter gesperrt ist. Die Möglichkeit zur Selbstanzeige lebt erst wieder auf, wenn die Prüfung abgeschlossen und die daraus resultierenden Änderungsbescheide zugegangen sind bzw. eine Mitteilung gem. § 202 Abs. 1 Satz 3 AO ergeht.

Seit jeher umstritten ist die Sperrwirkung der Tatentdeckung. Nach § 371 Abs. 2 Nr. 2 AO tritt die Sperrwirkung auch dann ein, wenn die Tat ganz oder teilweise entdeckt ist und der Täter dies wusste oder bei vollständiger Würdigung der Sachlage damit rechnen musste.

Eine Tatentdeckung liegt noch nicht vor, wenn ein Tatverdacht gegeben ist. Auch die Aufnahme der Ermittlungen genügt nicht. Vielmehr bedarf es einer Konkretisierung des Tatverdachts, „die gegeben ist, wenn bei vorläufiger Tatbewertung die Wahrscheinlichkeit eines verurteilenden Erkenntnisses gegeben ist".[25] Hieraus folgt, dass eine Grenzkontrolle, bei der Belege über Konten oder Schließfächer einer ausländischen Bank gefunden werden, noch nicht zur Tatentdeckung führt. Die Tat ist erst dann entdeckt, wenn ein für die Steuersachen zuständiger Beamter feststellt, dass der Steuerpflichtige entsprechende Vermögensgegenstände und/oder Einkünfte in seiner Steuererklärung nicht erklärt hat. Ebenso wenig führen Veröffentlichungen in Presse und Rundfunk zur Tatentdeckung.[26]

Neben der Tatentdeckung muss der Täter die Entdeckung kennen oder damit rechnen. Dies ist der Fall, wenn er aus den nachweislich bekannten Tatsachen den Schluss ziehen muss, dass jemand seine Tat entdeckt hat.

III. Der 5 %-Zuschlag

Bei einer Steuerhinterziehung mit einem „Schaden" von mehr als € 50.000,– tritt die Straffreiheit nicht automatisch ein, sondern erst nach Zahlung eines Aufschlags von 5 % auf die nachzuerhebende Steuer. Die Vorschrift ist tat-

---

25 BGH Urt. v. 13.5.1983 – 3 StR 82/83, NStZ 1983, S. 415; Beschl. v. 20.5.2010 – 1 StR 577/09, wistra 2010, S. 304 ff.

26 Siehe zu den Liechtenstein-Ermittlungen *Randt/Schauf*, Selbstanzeige und Liechtenstein-Affäre – Ist der Weg in die Straflosigkeit noch möglich oder sind die Taten schon entdeckt?, DStR 2008, S. 489 ff.; *Schwedhelm/Wulf*, Strafbefreiende Selbstanzeige und Tatentdeckung im Rahmen der „Liechtenstein-Ermittlungen", Stbg 2008, S. 294 ff.

bezogen auszulegen, also pro Steuerpflichtigem, pro Steuerart und pro Veranlagungsjahr.

Welcher Rechtsweg gilt, wenn der Steuerpflichtige diesen Zuschlag oder seine Höhe nicht akzeptieren will, ist offen.

In Fällen leichtfertiger Steuerverkürzung gelten die erweiterten Sperrgründe für eine Selbstanzeige nicht. § 378 Abs. 3 AO kennt nur den Sperrgrund des eingeleiteten Ermittlungsverfahrens. Eine bußgeldbefreiende Berichtigung ist damit auch noch in der laufenden Betriebsprüfung und unabhängig von der Größenordnung möglich.

IV. Selbstanzeige oder § 153 AO

Die Selbstanzeige ist von der Berichtigung nach § 153 AO strikt zu trennen. Ist eine Steuererklärung objektiv unrichtig, wusste der Steuerpflichtige dies aber nicht, sondern erkennt den Fehler erst später, so ist er verpflichtet, die falsche Erklärung zu berichtigen. Dies ist keine Selbstanzeige. Die Sperrgründe der Selbstanzeige gelten nicht. Es genügt, den Fehler unverzüglich anzuzeigen. Anders als bei der Selbstanzeige müssen nicht sofort die korrekten Besteuerungsgrundlagen erklärt werden.

Eine Selbstanzeige kommt nur in Betracht, wenn die Abgabe der fehlerhaften Steuererklärung oder das Unterlassen der Abgabe einer Steuererklärung vorsätzlich oder grob fahrlässig erfolgte. In der Beratung ist daher sorgfältig zu unterscheiden, ob ein Fall der Selbstanzeige oder der einer Berichtigung nach § 153 AO vorliegt.

Bestehen gute Gründe für die Annahme, dass die fehlerhafte Erklärung nicht vorsätzlich oder fahrlässig abgegeben wurde, ist dies aber auch nicht eindeutig festzustellen, so empfiehlt sich eine Berichtigung nach § 153 AO, die den Anforderungen einer Selbstanzeige genügt. In einer solchen Berichtigungserklärung ist ausdrücklich auszuführen, dass die Fehlerhaftigkeit nachträglich entdeckt wurde und daher die Erklärungen berichtigt werden. Gleichzeitig werden die korrekten Besteuerungsgrundlagen mitgeteilt. Gelingt es dann nicht, die Finanzverwaltung davon zu überzeugen, dass bei der Abgabe der Steuererklärung oder dem Unterlassen der Abgabe der Steuererklärung kein Verschulden vorlag, greift die Erklärung als Selbstanzeige und wirkt strafbefreiend.

F. Was tun, wenn die Steuerfahndung kommt?

I. Wird die Steuerfahndung erwartet oder liegt das Erscheinen „in der Luft“: Möglichkeit und Zweckmäßigkeit der Selbstanzeige prüfen, die strafbefreiend wirkt.

II. Sobald die Steuerfahndung tätig wird, beginnt in der Sache das Strafverfahren, sei es förmlich oder nicht. Jeder Schritt steht ab sofort unter einem Doppelaspekt: Die Steuerfahndung ermittelt im Strafverfahren und im Steuerverfahren.

III. Vor dem Erscheinen, nach dem Erscheinen: Die Steuerfahndung ist besser und weiß mehr, als der Betroffene glaubt. Vorsicht vor Unterschätzung.

IV. Die Steuerfahndung beginnt in der Regel mit einer Hausdurchsuchung. Gleichzeitig im Betrieb, am Arbeitsplatz, in der Privatwohnung und im Wochenendhaus. Fahnder sind geübte Durchsucher. Gegenstände, auf die sich das Augenmerk der Fahnder richtet: Briefe, Notizzettel, Notizbücher, Kalender, Schmierzettel, Bankmitteilungen, Kontoauszüge, Schlüssel (Safe), Verträge. Die Hausdurchsuchung muss „durchgestanden“ werden; Rechtsbehelfe haben in der Regel wenig Sinn.

V. Beschlagnahme: Die Steuerfahndung hat das Recht, alle Papiere durchzusehen. Die Unterlagen, die sie mitnehmen will, kann sie beschlagnahmen, regelmäßig auch dann, wenn sie noch nicht über einen richterlichen Beschlagnahmebeschluss verfügt. Der Betroffene sollte auf eine Beschlagnahme bestehen; keine freiwillige Herausgabe von Unterlagen.

VI. Die Steuerfahndung muss gegenständlich genau aufzeichnen, was sie mitnimmt. Eine Ausfertigung dieser „Inventur“ muss dem Betroffenen auf Verlangen ausgehändigt werden.

VII. Nach dem Erscheinen sofort den Steuerberater und/oder den Anwalt verständigen. Der Steuerbürger darf telefonieren, was hin und wieder von den Durchsuchenden bestritten wird.

VIII. Ohne Beistand eines Beraters oder Verteidigers sind Aussagen unmittelbar anlässlich der Durchsuchung, von den Fahndern häufig angestrebt, nicht ratsam.

IX. Überhaupt gilt während des gesamten Verfahrens: Keine Einlassung, keine Auskünfte ohne Beratung.

X. Vorsicht vor Kurzschlussreaktionen. Reise ins Ausland, Leerräumen von Konten können Haftgründe darstellen.

XI. Das erkennbare Bemühen, die Fahnder von bestimmten Ermittlungen abzuhalten, verursacht oft diese Ermittlungen.

XII. Falls die Fahndung bei Kunden, Lieferanten, Arbeitgebern, Arbeitnehmern usw. ermitteln wird oder will, sollte der Betroffene vorher mit ihnen Kontakt aufnehmen. Das unvorbereitete Erscheinen der Steuerfahndung bei dem besten Kunden kann für einen Unternehmer verheerend sein. Zeugenbeeinflussung darf nicht stattfinden.

XIII. Die Fahndung kann sich bei ihren Ermittlungen an die Banken wenden. Ein Bankgeheimnis besteht gegenüber der Fahndung nicht. Der Betroffene sollte seine Hausbank rechtzeitig informieren, falls mit Fahndungsermittlungen zu rechnen ist, um die Rufschädigung gering zu halten. Die Bitte der Fahnder, der Betroffene möge selbst Bankunterlagen zusammentragen, erfüllt regelmäßig nicht den angestrebten Zweck, den Besuch der Fahnder bei der Bank zu verhindern; die Steuerfahndung neigt schnell zu dem Verdacht, bei jeder freiwilligen Mithilfe werde etwas verschwiegen.

XIV. Bei Aussagen der Fahndung über die Straffolgen einer Hinterziehung – „Sagen Sie alles, dann ist auch die Strafe gering" – ist große Vorsicht geboten. Die Fahndung entscheidet nicht über die strafrechtlichen Folgen.

XV. Das Gleiche gilt, wenn sich die Fahndung zu Steuererlass-, Steuerstundungs- und Vollstreckungsmaßnahmen äußert. Hier ist nicht die Fahndung, sondern das Finanzamt zuständig.

XVI. Folgt der Steuerfahndung unmittelbar ein Arrest zur Sicherung der Steuerschuld, so sollte mit der Vollstreckungsstelle ein Arrangement getroffen werden. Die Höhe der Steuerschuld, die der Betroffene sichert, präjudiziert nicht die endgültig festgesetzte Schuld. Ein Anerkenntnis liegt nicht vor. Der Streit an zwei Fronten – Steuerfahndung/ Vollstreckungsstelle – muss vermieden werden.

XVII. Nach dem ersten Sturm muss man sich generell auf ein langes Verfahren (18 Monate bis 20 Jahre) einrichten: Zwei bis drei Jahre sind ein Mittelwert. Praxiserfahrung: Erledigungseile bewirkt eher das Gegenteil.

Rechtliche Grundlagen der Zwangsbehandlung in NRW

Dirk Olzen[*]

A. Einleitung

Die rechtliche Zulässigkeit von Zwangsbehandlungen untergebrachter Personen beschäftigt Rechtsprechung, juristische und medizinische Literatur sowie ärztliche Praxis in gleicher Weise.[1] Der Grund liegt zunächst in der zahlenmäßigen Relevanz medizinischer, insbesondere psychiatrischer Maßnahmen, welche gegen den Willen der Betroffenen vorgenommen werden. So wird davon ausgegangen, dass in ca. 90 % aller Unterbringungsverfahren in Deutschland die beantragte Unterbringung genehmigt oder angeordnet wird.[2] Demzufolge kam es 2008 in 206.470 Fällen zu einer Unterbringung

---

* Prof. Dr. *Dirk Olzen* ist Inhaber eines Lehrstuhls für Bürgerliches Recht und Zivilprozessrecht an der Heinrich-Heine-Universität Düsseldorf sowie Direktor des Dr. med. Micheline Radzyner Instituts für Rechtsfragen der Medizin und Mitglied der Ethik-Kommission der Landesärztekammer Nordrhein.

1 Vgl. etwa BVerfG Beschl. v. 23.3.2011 – 2 BvR 882/09, BtPrax 2011, 112; Beschl. v. 12.10.2011 – 2 BvR 633/11, BtPrax 2011, 253; BGH Beschl. v. 11.10.2000 – XII ZB 69/00, NJW 2001, 888; BGH Beschl. v. 20.6.2012 – XII ZB 99/12, MedR 2013, 39 m. krit. Anm. *Olzen/Götz*; BGH Beschl. v. 20.6.2012 – XII ZB 130/12; BGH Beschl. v. 1.2.2006 – XII ZB 236/05, BGHZ 166, 141 ff., JR 2007, 245 ff.; *Bienwald*, Die Zwangsbehandlung und Unterbringung geistig verwirrter Menschen aus betreuungsrechtlicher Sicht, FPR 2012, 4 ff.; *Dodegge*, Zwangsbehandlung und Betreuungsrecht, NJW 2006, 1627 ff.; *Götz*, Die rechtlichen Grenzen der Patientenautonomie bei psychischen Erkrankungen (2012); *Henking/Mittag*, Die Zwangsbehandlung in der öffentlich-rechtlichen Unterbringung – Vorschlag einer Neuregelung, JR 2013, 341 ff.; *Jurgeleit*, Rechtsprechungsübersicht zum Betreuungs- und Unterbringungsrecht, FGPrax 2005, 1 ff., 51 ff.; *Ludyga*, Rechtmäßigkeit von medizinischen Zwangsmaßnahmen bei einer Unterbringung gemäß § 1906 BGB, FPR 2007, 104 ff.; Anm. *Olzen/van der Sanden*, Zulässigkeit stationärer Zwangsbehandlungsmaßnahmen im Falle der Unterbringung, JR 2007, 248 ff.; *Schwedler*, Die Einwilligung des Berechtigten in eine ärztliche Behandlung, MedR 2013, 652 ff.

2 *Marschner*/Volckart/Lesting, Freiheitsentziehung und Unterbringung (5. Aufl. 2010), A. Einf. Rn. 62; *Marschner*, Menschen in Krisen: Unterbringung und Zwangsbehandlung in der Psychiatrie; in: Aichele, Valentin (Hrsg.); Das Menschenrecht auf gleiche Anerkennung vor dem Recht (2013), S. 203 ff. (204).

und unterbringungsähnlichen Maßnahmen im Sinne von § 1906 BGB bzw. auf der Grundlage der landesrechtlichen Unterbringungsgesetze.[3] Die Zahl der reinen Unterbringungsfälle ohne Maßnahmen nach § 1906 Abs. 4 BGB lag bei 114.647.[4] Im Vergleich zu anderen Ländern gibt es in Deutschland damit eine relativ hohe Unterbringungsquote. Für die Jahre 1994 und 2003 nahm man insgesamt 175 Unterbringungen pro 100.000 Einwohner an.[5] Schätzungen zufolge werden bei etwa 10 % der psychisch kranken und stationär behandelten Patienten Zwangsmaßnahmen durchgeführt, und zwar in Form von Fixierungen, Isolierung und der zwangsweisen Verabreichung von Psychopharmaka.[6] Anderen Untersuchungen zufolge wird bei 2-8 % der stationär behandelten Patienten eine medikamentöse Zwangsbehandlung durchgeführt.[7] Allerdings handelt es sich deshalb um wenig gesicherte Zahlen, da freiheitsentziehende Maßnahmen immer noch ohne Legitimation durchgeführt werden und somit zusätzlich eine nicht unerhebliche Dunkelziffer berücksichtigt werden muss.[8]

Zu der sowohl zahlenmäßigen als auch rechts- und sozialpolitischen Relevanz des Unterbringungsrechts tritt eine – auch für Juristen – nur schwer überschaubare Rechtslage hinzu: Anstelle einer einheitlichen Normierung gibt es ein Geflecht aus bundes- sowie landesrechtlichen Regelungen, deren Verhältnis zueinander viele Fragen offen lässt. Der Grundkonflikt, welcher sich im Zusammenhang mit Zwangsbehandlungen stellt, ist immer derselbe: Wie weit darf staatlicher/ärztlicher Paternalismus das Selbstbestimmungsrecht, das auch kranken bzw. behinderten Menschen zusteht, begrenzen? Wer diese Frage vorschnell zugunsten des Selbstbestimmungsrechts beantwortet, verkennt, dass die Fähigkeit der betroffenen Personen zu selbstbe-

---

3 *Marschner*/Volckart/Lesting, a.a.O. (FN 2), A. Einf. Rn. 62; *Marschner*, a.a.O. (FN 2), S. 203 ff. (204).

4 *Marschner*/Volckart/Lesting, a.a.O. (FN 2), A. Einf. Rn. 62; *Marschner*, a.a.O. (FN 2), S. 203 ff. (204).

5 *Marschner*/Volckart/Lesting, a.a.O. (FN 2), A. Einf. Rn. 68 mwN; *Dressing/Salize*, Zwangsunterbringung und Zwangsbehandlung psychisch Kranker, 2004, S. 88; *Marschner*, a.a.O. (FN 2), S. 203 ff. (205).

6 *Marschner*/Volckart/Lesting, a.a.O. (FN 2), A. Einf. Rn. 74; *Marschner*, a.a.O. (FN 2), S. 203 ff. (205) mwN; *Ketelsen u.a.*, Psychiatrische Praxis 2007 Supplement 2, 208 ff.

7 *Marschner*/Volckart/Lesting, a.a.O. (FN 2), A. Einf. Rn. 74 mwN; *Steinert/Kallert*, Psychiatrische Praxis 2006, S. 160 ff.

8 Vgl. *Marschner*/Volckart/Lesting, a.a.O. (FN 2), A. Einf. Rn. 74; zu weiteren Zahlen und Statistiken vgl. Antwort der Bundesregierung v. 17.9.2012, BT-Drs. 17/10712.

stimmtem Handeln – je nach Art und Stadium ihrer Erkrankung – oftmals erheblich eingeschränkt ist. Zudem handelt es sich bei einer (kurzfristigen) Zwangsbehandlung im Vergleich zu einer andauernden Unterbringung nicht selten um das objektiv „geringere Übel". Andererseits stößt eine umfassende „staatliche Vernunfthoheit" zu Recht auf verbreitete Ablehnung. Das Recht eines Patienten auf Krankheit und auf „objektiv" unvernünftige Entscheidungen wird nicht mehr bestritten.

Die rechtlichen Grundlagen der Zwangsbehandlung sind in den letzten Jahren anlässlich mehrerer Ereignisse Gegenstand einer heftigen Diskussion. Über diese Entwicklungen gebe ich zunächst einen kurzen Überblick (*B.*), bevor ich auf die heutige Rechtslage, also die Neuregelung der betreuungsrechtlichen Zwangsbehandlung (*C.*) und sodann die Zwangsbehandlung auf öffentlich-rechtlicher Grundlage eingehe (*D.*). Zuletzt soll der Einfluss von Patientenverfügungen erörtert werden (*E.*).

B. Entwicklung der Rechtslage zur Zwangsbehandlung – Überblick

I. Ursprüngliche BGH – Rechtsprechung

Die zivilrechtliche Unterbringung Betreuter zu Untersuchungs- und Heilbehandlungszwecken fällt in den Anwendungsbereich des § 1906 Abs. 1 Nr. 2 BGB. Es war lange Zeit streitig, ob diese Norm daneben eine hinreichende Ermächtigungsgrundlage für eine medizinische Zwangsbehandlung darstellt. Der BGH bejahte dies 2006 bei drohenden Gesundheitsschäden, die so gewichtig sein mussten, dass sie den mit der beabsichtigten Unterbringung verbundenen Freiheitseingriff rechtfertigen konnten.[9] Die Zulässigkeit der Zwangsbehandlung knüpfte demnach daran an, dass der Grundsatz der Verhältnismäßigkeit gewahrt blieb, ferner musste sie im Einzelnen bereits in den Unterbringungsbeschluss aufgenommen werden. Die wesentliche Begründung lag im Folgenden: § 1906 Abs. 1 Nr. 2 BGB legitimiere eine Unterbringung des Betreuten, solange sie zum Wohle des Betreuten erforderlich sei. Dies setze voraus, dass zur Abwendung eines drohenden erheblichen gesundheitlichen Schadens eine Untersuchung des Gesundheitszustandes, eine Heilbehandlung oder ein ärztlicher Eingriff erfolgen

---

9 S. BGH, Beschl. v. 1.2.2006 – XII ZB 236/05, BGHZ 166, 141 ff., JR 2007, 245 ff.; aA *Olzen/van der Sanden*, a.a.O. (FN 1), JR 2007, 248 ff.; *Bienwald*, a.a.O. (FN 1), FPR 2012, 4 ff.; *Frister/Lindemann/Peters* (2011), 1. Kap. Rn. 60 Fn. 168.

müsse, der ohne die Unterbringung des Betreuten nicht durchgeführt werden könne. Weiterhin sei notwendig, dass der Betreute auf Grund seiner Krankheit/Behinderung die Notwendigkeit der Unterbringung nicht erkennen oder nicht nach dieser Einsicht handeln könne. Ferner sah der BGH einen notwendigen Zusammenhang zwischen Unterbringung und Behandlung. Da nur zulässige medizinische Maßnahmen erforderlich sein könnten, dürfe der Betreute auch nur untergebracht werden, wenn er während der Unterbringung behandelt werden könne.[10] Deshalb müsse man die Vorschrift dahingehend auslegen, dass der Betreute notwendige medizinische Maßnahmen zu dulden habe. Denn die gesundheitliche Versorgung und das Wohlergehen nichteinwilligungsfähiger Betreuter dürften nicht an der mangelnden Einsichts- oder Urteilsfähigkeit scheitern.[11] Anderenfalls liefe der Anwendungsbereich des § 1906 Abs. 1 Nr. 2 BGB weitgehend leer und wäre etwa auf Fälle beschränkt, in denen sich der Betreute während der Unterbringung überlegte, seinen Widerstand gegen die Behandlung aufzugeben. Diese Rechtsprechung war angesichts gewichtiger Argumente jedoch von Anfang an zweifelhaft: Obwohl dem Gesetzgeber das Problem der Behandlung gegen den Willen Einwilligungsunfähiger bekannt ist – wie § 1905 BGB verdeutlicht –, hat er bewusst von einer Regelung der Zwangsbehandlung abgesehen.[12] § 1906 Abs. 1 Nr. 2 BGB regelt seinem Wortlaut nach allein die Voraussetzungen der Unterbringung, aber keine Anforderungen an die zwangsweise medizinische Behandlung.[13] Zwischen diesen beiden Punkten – der Unterbringung einerseits und der medizinischen (Zwangs-) Behandlung andererseits – ist jedoch streng zu trennen. Beides sind gewichtige und unterschiedlich schwerwiegende Eingriffe in grundrechtlich geschützte Positionen des Betroffenen. Dass § 1906 Abs. 1 Nr. 2 BGB eine hinreichend bestimmte Ermächtigungsgrundlage für die Zwangsbehandlung darstellte, überzeugte demgemäß insgesamt nicht. Der BGH sah die Norm aber trotz heftiger Kritik als ausreichende Rechtsgrundlage für eine betreuungsrechtliche Zwangsbehandlung im stationären Bereich an.

---

10 BGH Beschl. v. 1.2.2006 – XII ZB 236/05, JR 2007, 245 ff. (248) mwN; *Damrau/ Zimmermann*, Betreuungsrecht (4. Aufl. 2011), § 1906 Rn. 50.

11 BGH Beschl. v. 1.2.2006 – XII ZB 236/05, JR 2007, 245 ff. (247).

12 Vgl. auch Anm. *Olzen/van der Sanden*, a.a.O. (FN 1), JR 2007, 248 ff. (249).

13 Vgl. auch Anm. *Olzen/van der Sanden*, a.a.O. (FN 1), JR 2007, 248 ff. (249).

II. PatVG, 2009

Seit dem 1.9.2009 gelten die §§ 1901a ff. BGB zur Regelung der Patientenverfügung.[14] Ohne schon in die Einzelheiten zu gehen, spricht der Wille des Gesetzgebers für eine Stärkung des Selbstbestimmungsrechts, allerdings auch nicht gegen jede Zwangsbehandlung.[15] Das an sich bekannte und tiefgreifende Problem blieb also trotz der neuen Regelungen ungelöst.

III. Rechtsprechung des BVerfG, 2011

Neben den betreuungsrechtlichen Vorschriften enthalten die Unterbringungs- und Maßregelvollzugsgesetze der Länder Ermächtigungsgrundlagen für Zwangsbehandlungen. Das BVerfG erachtete 2011 in mehreren Aufsehen erregenden Entscheidungen entsprechende Regelungen des rheinland-pfälzischen Maßregelvollzugsgesetzes sowie des Unterbringungsgesetzes Baden-Württembergs für verfassungswidrig.[16] Um den Anforderungen des Grundgesetzes zu genügen, müssten derartige Eingriffe an enge Voraussetzungen geknüpft werden. Dies ergebe sich daraus, dass die Zwangsbehandlung einen besonders schweren Eingriff in das Recht auf körperliche Unversehrtheit und das Selbstbestimmungsrecht darstelle, der einer gesetzlichen Rechtfertigungsgrundlage bedürfe.

Die erste Entscheidung ist deshalb bemerkenswert, weil das BVerfG darin einen umfassenden Katalog materiell- sowie verfahrensrechtlicher Anforderungen aufstellte, an welchem Zwangsbehandlungen zukünftig zu messen seien. Eine Verfestigung erfuhr diese Rechtsprechung durch einen weiteren

---

14 Eingeführt durch das Dritte Gesetz zur Änderung des Betreuungsrechts (BGBl. I, S. 2286 ff.); s. dazu *Olzen/Metzmacher*, Rechtliche Probleme der Patientenverfügung – Einleitung in das Thema, FPR 2010, 249 ff.

15 Zu den Auswirkungen des Gesetzes s. auch *Olzen/Schneider*, Das Patientenverfügungsgesetz (PatVG) vom 1.9.2009 – Eine erste Bilanz, MedR 2010, 745 ff. sowie *Olzen*, Die Auswirkungen des Betreuungsrechtsänderungsgesetzes (Patientenverfügungsgesetz) auf die medizinische Versorgung psychisch Kranker, Gutachten im Auftrag des DGPPN (2009), zuletzt online abgerufen am 4.6.2014 unter http://www.dgppn.de/fileadmin/user_upload/_medien/download/pdf/stellungnahmen/2010/stn-2010-04-15-anh-gutachten-prof-olzen-pat-vg.pdf.

16 BVerfG, NJW 2011, 2113; NJW 2011, 3571; ausf. dazu *Olzen/Metzmacher*, Zulässigkeit der Zwangsbehandlung untergebrachter Personen, BtPrax 2011, 233 ff.

Beschluss vom 12.10.2011.[17] Allerdings bezogen sich beide Entscheidungen nur auf den Maßregelvollzug gem. §§ 63 ff. StGB, die zweite Entscheidung jedoch betraf eine Zwangsbehandlung aufgrund einer unterbringungsrechtlichen Vorschrift, § 8 Abs. 2 S. 2 UBG BW. Ein darauffolgender Beschluss des BVerfG vom 20.2.2013 bezüglich einer Zwangsbehandlung gem. § 22 Abs. 1 S. 1 SächsPsychKG betraf ebenfalls einen im Maßregelvollzug Untergebrachten.[18] Unter Bestätigung der Grundsätze seiner bisherigen Rechtsprechung erklärte das BVerfG auch § 22 Abs. 1 S. 1 SächsPsychKG für verfassungswidrig.

Im Wesentlichen ergeben sich folgende Vorgaben des BVerfG für medizinische Zwangsbehandlungen bereits aus der ersten Entscheidung:[19] In verfahrensmäßiger Hinsicht verlangt das BVerfG eine konkrete Ankündigung der geplanten Behandlung, ihre Anordnung und Überwachung durch einen Arzt, eine hinreichende Dokumentation sowie eine der Maßnahme vorausgehende medizinische Überprüfung in gesicherter Unabhängigkeit von der Unterbringungseinrichtung.[20] In materieller Hinsicht muss die Zwangsbehandlung erfolgversprechend sein, es darf kein milderes, gleich wirksames Behandlungsmittel zur Verfügung stehen. Ferner muss versucht worden sein, aus einer Vertrauensbasis heraus die natürliche Zustimmung des Patienten zur Behandlung zu erlangen. Schließlich verlangt das BVerfG, dass die Belastung im Hinblick auf den zu erwartenden Nutzen in einem angemessenen Verhältnis steht.[21]

Allerdings verblieben ungeachtet dieser drei inhaltlich gleichlautenden Entscheidungen Zweifel, ob für die Zwangsbehandlungen nach den landesrechtlichen Unterbringungsvorschriften generell dieselben strengen Voraussetzungen gelten würden wie im Maßregelvollzug. Sie resultierten u.a. daraus, dass dieser auf eine langfristige Wiederherstellung der Entlassungsfähigkeit ausgerichtet ist (vgl. etwa § 6 Abs. 1 S. 2, 1. Hs. RhPfMVollzG). Zwangsbehandlungsmaßnahmen, die dazu dienen, für den Betroffenen oder Dritte bestehende akute Lebens- oder schwere Gesundheitsgefahren abzuwenden (§ 6 Abs. 1 S. 2, 2. Hs. RhPfMVollzG, § 22 Abs. 1 S. 2 SächsPsychKG), bildeten hingegen ausdrücklich nicht den Gegenstand der Entscheidungen.

---

17 BVerfG, NJW 2011, 3571.
18 BVerfG, NJW 2013, 2337.
19 S. BVerfG, NJW 2011, 2113.
20 BVerfG, NJW 2011, 2113 ff. (2117 f.).
21 BVerfG, NJW 2011, 2113 ff. (2116).

IV. Änderung der BGH-Rechtsprechung

Teile der Rechtsprechung und Literatur sahen deshalb vor allem auch Zwangsbehandlungen auf betreuungsrechtlicher Grundlage gem. § 1906 Abs. 1 Nr. 2 BGB weiterhin als zulässig an, bis der BGH[22] sich 2012 überraschend komplett von seiner langjährigen Rechtsprechung abwandte; ein eher seltener Vorgang.

Nunmehr fehlte ihm eine den verfassungsrechtlichen Anforderungen genügende Rechtsgrundlage für Zwangsbehandlungen, die er vorher in § 1906 BGB gefunden hatte. Das materielle Betreuungsrecht lasse in § 1906 Abs. 1 Nr. 2 BGB wesentliche Voraussetzungen vermissen, die das BVerfG verlange. Insbesondere hieß es nun, die Norm regele die Verhältnismäßigkeitsanforderungen nicht in hinreichend konkreter Weise. Deshalb sah der Senat sich gezwungen, seine bisherige Auslegung des § 1906 Abs. 1 Nr. 2 BGB als taugliche Rechtgrundlage für Zwangsbehandlungen aufzugeben. Dadurch trat insgesamt große Rechtsunsicherheit für die Praxis ein.

V. Neuregelung in § 1906 Abs. 3, 3a BGB und PatRG

Als Reaktion auf die unbefriedigende Situation führte der Gesetzgeber im Zusammenhang mit dem Patientenrechtegesetz 2013 sehr schnell eine Neuregelung im BGB ein, die bereits am 26. Februar 2013 in Kraft trat.[23] Dadurch wurden dem § 1906 BGB die Absätze 3 und 3 a) angefügt, die nunmehr detaillierte Voraussetzungen für die Einwilligung des Betreuers[24] in Zwangsbehandlungen aufstellen und ihre Genehmigungsbedürftigkeit durch das Betreuungsgericht regeln. Zugleich wurden die Verfahrensvorschriften zum Unterbringungsrecht im FamFG angepasst.

---

22 BGH, Beschl. v. 20.6.2012 – XII ZB 99/12, MedR 2013, 39 m. krit. Anm. *Olzen/ Götz*.

23 Sog. Gesetz zur Verbesserung der Rechte von Patientinnen und Patienten v. 20.2.2013, BGBl. I 2013 S. 277 ff.; ausf. dazu *Olzen/Lilius-Karakaya*, Patientenrechtegesetz und rechtliche Betreuung, BtPrax 2013, 127 ff.

24 Betreuer und Vorsorgebevollmächtigter i.S.d. § 1901c BGB sind in dem in diesem Beitrag erörterten Zusammenhang in gleicher Weise zu behandeln. Sofern im Folgenden vom „Betreuer" oder als Oberbegriff dem „(Patienten-)Vertreter" die Rede ist, gelten die Ausführungen gleichermaßen für Betreuer und Vorsorgebevollmächtigte. Die § 1906 Abs. 1 – 4 BGB gelten für den Bevollmächtigten nach Maßgabe des § 1906 Abs. 5 BGB entsprechend.

C. Heutige Rechtslage – Betreuungsrechtliche Zwangsbehandlung (§ 1906 Abs. 3 BGB)

Der Gesetzgeber hat zunächst den Begriff der Zwangsbehandlung erstmals legaldefiniert, und zwar in § 1906 Abs. 3 S. 1 BGB. Eine Zwangsbehandlung liegt danach vor, wenn „eine ärztliche Maßnahme nach Absatz 1 Nummer 2 dem natürlichen Willen des Betreuten“ widerspricht. Unklar ist die Lage hingegen immer noch, wenn der Patient überhaupt keinen Willen äußert. Ein entgegenstehender natürlicher Wille des Behandelten muss also grundsätzlich von diesem geäußert oder zumindest konkludent zum Ausdruck gebracht werden (sog. Weigerungshaltung).[25] Er verlangt auch keinen physischen Widerstand. Nach dem BVerfG genügt vielmehr bereits ein „Sich fügen“ wegen Aussichtslosigkeit einer fortbestehenden Ablehnung der Behandlung für die Annahme eines entgegenstehenden Willens.[26] In Fällen der Gleichgültigkeit liegt andererseits schon begrifflich keine Zwangsbehandlung vor. Schwierigkeiten bereitet die Feststellung – wie auch im Falle des § 1905 BGB –, ob ein entgegenstehender Wille vorliegt oder nicht. Ein Problem stellt dabei in der Praxis dar, dass die Androhung der Maßnahme und die damit verbundene Folge bei psychisch Kranken zu deren Akzeptanz führen können, also letztlich doch die Entscheidung in irgendeiner Weise „erzwungen“ wird.

I. Materiell-rechtliche Voraussetzungen

Der Gesetzgeber hat mit der Novelle die Voraussetzungen der Einwilligung des Patientenvertreters in eine ärztliche Zwangsmaßnahme an die Anforderungen angepasst. Nach § 1906 Abs. 3 S. 1 BGB kann der Vertreter in ärztliche Zwangsmaßnahmen nur unter folgenden Voraussetzungen einwilligen:

- *Nr. 1*: wenn „der Betreute auf Grund einer psychischen Krankheit oder einer geistigen oder seelischen Behinderung die Notwendigkeit der ärztlichen Maßnahme nicht erkennen oder nicht nach dieser Einsicht handeln kann“, also bei Einwilligungsunfähigkeit des Betroffenen,

---

25 S. BGH, NJW 2012, 2967 Rn. 15; NJW 2012, 3234 Rn. 13; vgl. dazu auch *Dodegge*, Ärztliche Zwangsmaßnahmen und Betreuungsrecht, NJW 2013, 1265 ff. (1266).

26 Vgl. BVerfG, NJW 2011, 2113 f. (2114).

- *Nr. 2*: „zuvor versucht wurde, den Betreuten von der Notwendigkeit der ärztlichen Maßnahme zu überzeugen", das heißt nach Aufklärung und erfolgloser Zustimmungswerbung (§ 1906 Abs. 3 S. 1 Nr. 2 i.V.m. § 630e Abs. 5 BGB),
- *Nr. 3*: „die ärztliche Zwangsmaßnahme im Rahmen der Unterbringung nach Absatz 1 zum Wohl des Betreuten erforderlich ist, um einen drohenden erheblichen gesundheitlichen Schaden abzuwenden",
- *Nr. 4*: „der erhebliche gesundheitliche Schaden durch keine andere dem Betreuten zumutbare Maßnahme abgewendet werden kann", also keine andere Maßnahme zumutbar ist,
- und schließlich *Nr. 5*: „der zu erwartende Nutzen der ärztlichen Zwangsmaßnahme die zu erwartenden Beeinträchtigungen deutlich überwiegt".

Einwilligungsunfähigkeit nach Nr. 1 kann beispielsweise bei schweren psychischen Erkrankungen, Manien, Essstörungen, Schizophrenien, schweren rezidivierenden Depressionen, akuter Meningoenzephalitis oder fortgeschrittener Demenz vorliegen.[27] Die Anforderungen in Nr. 2 betreffen den Versuch, bei dem Betroffenen neben dem Therapieverständnis dessen Einwilligung zu erzielen. Dieser sollte im Rahmen der stationären Unterbringung innerhalb von 10 bis 14 Tagen nach der Unterbringung von den Ärzten durchgeführt werden.[28] Selbst wenn ein Einwilligungsunfähiger nicht wirksam aufgeklärt werden kann, soll ihm dennoch das Ob und Wie der geplanten Behandlung – im Rahmen seiner Möglichkeiten – erläutert werden.[29] Bleibt dieser Versuch trotz intensiver Bemühungen erfolglos, kann also keine Zustimmung des Betreuten erreicht werden, ist abzuwägen, ob die ärztliche Maßnahme unter Zwangsanwendung medizinisch indiziert ist.[30] Beispiele für einen drohenden erheblichen gesundheitlichen Schaden im Sinne von Nr. 3, dessen Abwendung die Maßnahme gilt, sind krankheitsbedingte suizidale bzw. parasuizidale Handlungen, die zum Tod oder zu schweren Gesundheitsschäden führen können,[31] dauerhafte Schädigungen des Magen-Darm-Trakts und der Knochensubstanz sowie das Eintreten eines Body-

---

27 Vgl. dazu *Dodegge*, a.a.O. (FN 25), NJW 2013, 1265 f. (1266) mwN; Stellungnahme Hauth im Rechtsausschuss des Bundestags am 10. 12. 2012, vgl. www.bundestag.de/bundestag/ausschuesse17/a06/anhoerungen/archiv/33_Zwangsma__nahme/04_Stellungnahmen/Stellungnahme_Hauth.pdf.

28 *Dodegge*, a.a.O. (FN 25), NJW 2013, 1265 ff. (1267).

29 *BVerfG*, NJW 2011, 2113.

30 Vgl. *Dodegge*, a.a.O. (FN 25), NJW 2013, 1265 ff. (1267).

31 *OLG Brandenburg*, FamRZ 2007, 1127.

Mass-Index von unter 13 infolge der Ablehnung der Nahrungsaufnahme bei Magersüchtigen.[32] Im Sinne von Nr. 4 sind mögliche alternative Maßnahmen bei psychisch Kranken etwa ein „weiches Zimmer", Home Treatment oder Kriseninterventionsstellen.[33] Bei ihrer Zumutbarkeit ist eine Zwangsbehandlung ausgeschlossen. Bei der Abwägung, ob der zu erwartende Nutzen im Sinne von Nr. 5 der ärztlichen Zwangsmaßnahme die zu erwartenden Beeinträchtigungen deutlich überwiegt, ist u.a. grundsätzlich die medizinisch anerkannte Langzeitwirkung von Medikationen und Therapien zu beachten.[34] Von Bedeutung kann auch sein, ob die Zwangsmaßnahme zur Rückbildung der Symptomatik und/oder zur Stabilisierung der Einsichtsfähigkeit geeignet ist. [35] Dies mag ebenfalls in der Abwägung zu berücksichtigen sein.

II. Verfahrensbestimmungen

Darüber hinaus trifft das Gesetz verfahrensrechtliche Vorkehrungen zum Schutz des Betreuten. Der betreuungsgerichtliche Genehmigungsvorbehalt der §§ 1906 Abs. 3a S. 1 BGB, 312 FamFG sowie das Verbot der Personenidentität zwischen Zwangsbehandelndem und sachverständigem Gutachter (§ 321 Abs. 1 S. 5 FamFG) sollen eine unabhängige Überprüfung der geplanten Maßnahme gewährleisten. In Zeiten personeller Engpässe, insbesondere im ländlichen Bereich, gilt demnach, dass § 321 Abs. 1 S. 5 FamFG zwar lediglich als Sollvorschrift formuliert ist, der (zwangs-)behandelnde Arzt aber nur ausnahmsweise als Sachverständiger ausgewählt werden soll, um die gesetzgeberische Wertung der Norm als Ausnahmeregelung nicht zu unterlaufen.[36] Ferner muss der entsprechende Genehmigungsbeschluss gem. § 323 Abs. 2 FamFG Angaben zur Durchführung und Dokumentation der Zwangsbehandlung in der Verantwortung eines Arztes enthalten. Schließlich unterliegt die Wirksamkeit der Genehmigung zeitlicher Begrenzung (§§ 329 Abs. 1 S. 2, 333 Abs. 2 FamFG). In einem ersten Schritt geht man

---

32 *OLG Schleswig*, NJW-RR 2002, 794; *OLG München*, MedR 2006, 105.

33 S. *Dodegge*, a.a.O. (FN 25), NJW 2013, 1265 ff. (1268).

34 S. *Dodegge*, a.a.O. (FN 25), NJW 2013, 1265 ff. (1268).

35 Vgl. *OLG Schleswig*, BtPrax 2003, 223.

36 Vgl. BT-PlenProt. 17/217, S. 26879 ff., 26881; BR-Drs. 17/12086, S. 2; s. zudem BGH Beschl. v. 30.10.2013 – XII ZB 482/13, MDR 2013, 1463, wonach das Gericht die Gründe für eine Abweichung von § 321 Abs. 1 S. 5 FamFG im Genehmigungsbeschluss darzulegen hat.

von sechs Wochen aus. Bei Ablauf von mehr als zwölf Wochen wird grundsätzlich ein neuer Sachverhalt unterstellt, der erneuter Prüfung bedarf. Eilmaßnahmen finden nur in einem Zeitfenster von zwei Wochen statt.

Ist in Eilfällen weder ein Betreuer noch ein Bevollmächtigter vorhanden, stellt sich die Frage, wer stattdessen in die ärztliche Zwangsmaßnahme einwilligt. § 1906 Abs. 3 S. 2 BGB verweist auf § 1846 BGB, der aber „nur anwendbar [ist], wenn der Betreuer an der Erfüllung seiner Pflichten verhindert ist.“ Demnach kommt es zu einer Entscheidung durch das Gericht gem. § 1846 BGB also ausschließlich subsidiär – bei Verhinderung eines vorhandenen Betreuers an der Erfüllung seiner Pflichten. Ansonsten ist ein Betreuer zwingend erforderlich und notfalls (einstweilig) die Betreuung anzuordnen. Bei Akutfällen, bei denen ein solches Verfahren immer noch an der Eilbedürftigkeit scheitert, ist an Maßnahmen nach den Unterbringungsgesetzen zu denken,[37] die sich praktisch damit als schnellere Möglichkeit der Unterbringung erweisen. In Betracht kommt bei akuten Fällen zudem die allgemeine Rechtfertigungsgrundlage des § 34 StGB.[38]

III. Kritik und Stellungnahme zur Neuregelung

Obwohl die Regelung positiv die Vorgaben des BVerfG weitgehend umsetzt und Rechtssicherheit für die psychiatrische Praxis schafft, bleiben auch Kritikpunkte.[39] So werfen manche dem Gesetzgeber vor, dass er weiterhin keine Ermächtigungsgrundlage für ambulante Zwangsbehandlungen geschaffen

---

37 S. *Dodegge*, a.a.O. (FN 25), NJW 2013, 1265 ff. (1268).

38 LG Kassel, BtPRax 2012, 208.

39 Zur Frage der Vereinbarkeit mit der UN-Behindertenrechtskonvention (am 13.12.2006 verabschiedet, am 30.3.2007 von Deutschland unterzeichnet und durch das Ratifizierungsgesetz vom 21.12.2008 am 26.2.2009 in Kraft getreten, BGBl. II 2008, 1419) *Masuch/Gmati*, Zwangsbehandlung nach dem Gesetz zur Regelung der betreuungsrechtlichen Einwilligung in eine ärztliche Zwangsmaßnahme und UN-Behindertenrechtskonvention; ausf. bereits zur Rechtslage vor Inkrafttreten der Neuregelung *Olzen*, Die Auswirkungen der UN-Behindertenrechtskonvention auf die Unterbringung und Zwangsbehandlung nach § 1906 BGB und §§ 10 ff. PsychKG NRW, Gutachten im Auftrag des DGPPN, 2009, online zuletzt abgerufen am 4.2.2014 unter http://www.dgppn.de/fileadmin/user_upload/_medien/download/pdf/Gutachten/gutachten-zur-behindertenrechtskonvention.pdf.

hat, obwohl sie mangels Freiheitsentzug eine geringere Eingriffsintensität aufweisen.[40]

Ferner stellt sich die Frage, an wen sich der Auftrag des Versuchs der Zustimmungswerbung gem. § 1906 Abs. 3 S. 1 Nr. 2 BGB richtet („*zuvor versucht wurde, ... “).*[41] Dass die Norm den Betreuer zur wirksamen Einwilligung in eine Zwangsmaßnahme ermächtigt, lässt nicht ohne weiteres den Schluss zu, dass dieser Versuch nur von ihm zu unternehmen ist. Allerdings liegt die Überlegung auch nicht fern, dass der Betreuer letztlich für die Einhaltung der Tatbestandsvoraussetzungen Sorge zu tragen hat, da er als Adressat der Norm nicht einwilligen kann, wenn ihre Voraussetzungen nicht erfüllt sind. In die gleiche Richtung weist sein Pflichtenkatalog in § 1901 (Abs. 1 – 4) BGB. Die unbestimmte Formulierung des § 1906 Abs. 3 S. 1 Nr. 2 BGB deutet indes darauf hin, dass die Person, die den Versuch der Zustimmungswerbung unternimmt, nicht zwingend bestimmt ist. Es genügt vielmehr, dass ein solcher Versuch überhaupt unternommen wurde, etwa auch vom behandelnden Arzt. Dafür spricht nicht zuletzt das Verfahren zur Willensfeststellung in § 1901b BGB.

Schließlich lässt die Regelung einen Verweis auf §§ 1901a ff. BGB, also die Auswirkungen einer Patientenverfügung vermissen.[42] Dies wäre zur Klarstellung hilfreich gewesen.[43]

---

40 *Grengel/Roth*, Die Zwangsbehandlung von Betreuten – Notwendigkeit und Inhalt einer Neuregelung, ZRP 2013, 12 ff. (15); *Dodegge*, a.a.O. (FN 25), NJW 2013, 1265 ff. (1270).

41 Dazu auch *Thar*, Die Einwilligung des Betreuers in die Zwangsbehandlung, BtPrax 2013, 91 ff. (92 f.).

42 Krit. insoweit auch *Müller,* Neuregelung der Einwilligung des Betreuers bzw. des Bevollmächtigten in ärztliche Zwangsmaßnahmen – Auswirkungen auf die Gestaltung von Vorsorgevollmachten, ZEV 2013, 304 ff. (306); Bamberger/Roth/*Müller*, Beck'scher Online-Kommentar, BGB (29. Edition, Stand: 1.11.2013), § 1901a, Rn. 6; aA *Dodegge*, a.a.O (FN 25), NJW 2013, 1265, der einen ausdrücklichen Verweis für obsolet erachtet, da sich Bindungswirkung einer Patientenverfügung i.S.d. §§ 1901 ff. BGB gegenüber dem Betreuer bereits aus den §§ 1901 Abs. 1, 1901 a, 1901 b und § 1904 BGB ergebe.

43 Zu den Auswirkungen einer Patientenverfügung im Rahmen des § 1906 Abs. 3 BGB mehr sogleich.

D. Heutige Rechtslage – Öffentlich-rechtliche Zwangsbehandlung (am Beispiel des § 18 PsychKG NRW)

In der Praxis steht bei der Unterbringung psychisch Kranker nicht selten die öffentlich-rechtliche Unterbringung im Vordergrund. Ihre Regelungen richten sich nach dem Landesrecht und sind in Nordrhein-Westfalen im PsychKG NRW geregelt.

§ 18 Abs. 4 PsychKG NRW betrifft die psychiatrische und somatische Zwangsbehandlung, also die ärztliche Behandlung in einem Krankenhaus während einer Unterbringung gegen oder ohne den Willen der Betroffenen. Sie ist nur in den Fällen von Lebensgefahr und erheblicher Gefahr für die eigene und für die Gesundheit anderer Personen zulässig.

I. Materiell-rechtliche Voraussetzungen

Die Vorschrift setzt hierfür einen Fall von „Lebensgefahr, von erheblicher Gefahr für die eigene und für die Gesundheit anderer Personen" voraus. [44] Von der Bestellung eines Betreuers, dessen Verfügbarkeit oder seiner Einwilligung hängt eine Zwangsbehandlung auf dieser Grundlage mithin nicht ab.[45]

Umstritten ist, ob § 18 Abs. 4 PsychKG NRW nur die zwangsweise Behandlung psychischer Erkrankungen erlaubt, welche Anlass zur Unterbringung gegeben haben (sog. Anlasserkrankung), oder auch sonstige Erkrankungen (sog. interkurrente Erkrankungen) erfasst.[46] Dem Wortlaut lässt sich keine Einschränkung im erstgenannten Sinne entnehmen und auch die Tatsache, dass andere Bundesländer ihre Zwangsbehandlungsbefugnisse ausdrücklich auf Anlasserkrankungen beschränken, spricht eher dafür, dass § 18 Abs. 4 PsychKG NRW mangels Unterscheidung im Tatbestand alle Krankheiten erfasst. Es ist also nicht zwischen psychiatrischen und interkurrenten somatischen Erkrankungen zu differenzieren, wenn es z.B. um einen lebensbedrohlichen Zustand geht. Es wäre auch kaum praktikabel und in einer solchen Situation schwer feststellbar, ob die Gefahrensituation auf

---

44 Dazu auch *Schneider/Frister/Olzen*, Begutachtung psychischer Störungen (2. Aufl. 2009), S. 300 ff.

45 Vgl. LG Mönchengladbach, Beschl. v. 19.4.2002 – 5 T 99/02, FamRZ 2003, 115.

46 S. dazu *Götz*, a.a.O. (FN 1), S. 154 f.; aA Marschner/Volckart/*Lesting*, a.a.O. (FN 2), B. Rn. 183.

der einen oder anderen Krankheitsart beruht. In beiden Fällen muss vielmehr dem Sinn und Zweck der Norm entsprechend zur Beseitigung akuter Gefährdungssituationen sofort gehandelt werden.

Mit dem Terminus „Zwangsbehandlung" wird deutlich, dass schon begrifflich alle Maßnahmen ausscheiden, bei denen die Betroffenen mitwirken müssen, wie z.B. bei psychologischen Tests oder Entwöhnungstherapien. Hierzu ist ein Unterstützungswille erforderlich, dessen Existenz zur Folge hätte, dass nicht mehr gegen oder ohne den Willen des Betroffenen behandelt würde. Widerstand oder heftige Gegenwehr sind dagegen keine zwingenden Voraussetzungen einer Zwangsbehandlung. Die Betroffenen können vielmehr auch nur ruhig äußern, dass sie keine Behandlung wünschen. Wird dann eine Behandlung dennoch nötig, so geschieht dies gegen den Willen der Betroffenen. In Betracht kommen z.B. zwangsweises Verabreichen von Medikamenten, Zwangsinjektionen, Fixierungen zur Medikamentengabe oder Zwangsernährung. Soweit eindeutige Behandlungsvereinbarungen vorhanden sind, die erkennbar für solche Fälle gelten sollen und keine Gründe entgegenstehen, die die Wirksamkeit der Vereinbarung zweifelhaft erscheinen lassen, würde eine Behandlung gegen diese Vereinbarung ebenfalls den Tatbestand der Zwangsbehandlung erfüllen.

Die möglichen Gründe für eine öffentlich-rechtliche Zwangsbehandlung zählt § 18 Abs. 4 PsychKG NRW enumerativ auf. Obwohl der Tatbestand nur die eigene Lebensgefahr des Betroffenen und nicht eine *„Lebensgefahr für andere Personen"* ausdrücklich nennt und obwohl das Gesetz durch den Ausdruck „nur" an sich eine abschließende Aufzählung enthält, muss eine Zwangsbehandlung, die bei erheblichen Gesundheitsgefahren für Dritte erlaubt ist, erst recht Anwendung finden können, wenn das höhere Schutzgut des Lebens für Dritte betroffen ist. Dies stellt sich als gesteigerter Fall der Fremdgefährdung dar.

„Ohne den Willen der Betroffenen" findet eine Behandlung statt, wenn die Betroffenen nicht in der Lage sind, einen Willen zu bilden oder sich zu artikulieren. Eine Situation ohne Willen des Betroffenen ist z.B. dann gegeben, wenn Betroffene bewusstlos sind und eine lebensbedrohliche Situation entstanden ist. Ist ein Betreuer bestellt, so kann dieser sich erklären.[47] Grundsätzlich bedarf gem. § 18 Abs. 3 S. 2 PsychKG NRW ferner jede Heilbehandlung eines einwilligungsunfähigen Patienten der Zustimmung des Vertreters. Wenn der Vertreter aber gegen eine Zwangsbehandlung vo-

47 Vgl. § 18 Abs. 3 S. 2, Abs. 4 PsychKG.

tiert, hindert es diese unter den Voraussetzungen des § 18 Abs. 4 PsychKG NRW gebotene Behandlung gegen den Willen der gesetzlichen Vertretung nicht. § 18 Abs. 4 PsychKG NRW erlaubt die Zwangsbehandlung ferner auch dann, wenn kein Betreuer bestellt ist.[48]

„Gegen den Willen der Betroffenen" handeln Ärzte, wenn sie etwa den abweichenden Willen aus vorangegangen Gesprächen kennen oder ein deutliches verbales, körpersprachliches oder schriftliches Votum gegen die Behandlung erhalten.

Auch im Rahmen des § 18 Abs. 4 PsychKG NRW muss der Verhältnismäßigkeitsgrundsatz beachtet werden, der im Einzelnen verlangt:

- Die Zwangsbehandlung muss in Hinblick auf das sie rechtfertigende Behandlungsziel Erfolg versprechen und wissenschaftlich anerkannt sein. Also darf die Zwangsbehandlung z.B. nur solange andauern, wie sie eine deutliche Verbesserung der Heilungsaussichten verspricht, anderenfalls ist sie zu beenden.
- Es darf keine milderen, den gleichen Erfolg versprechende Mittel geben. Daher muss bei einem gesprächsfähigen Betroffenen unabhängig von seiner Einwilligungsfähigkeit der vorgeschaltete Versuch, sein Vertrauen zu gewinnen, gescheitert und weniger eingreifende Behandlungen müssen aussichtslos sein.
- Die Zwangsbehandlung darf auch nicht über das Erforderliche hinausgehen, insbesondere hinsichtlich der Auswahl der konkret anzuwendenden Maßnahme nach Art und Dauer.
- Der zu erwartende Nutzen der Zwangsbehandlung hat den möglichen Schaden der Nichtbehandlung deutlich feststellbar zu überwiegen.
- Schließlich ist erforderlich, dass die freie Willensbestimmung krankheitsbedingt fehlt. Dies bezieht sich auf die Einsicht in die Schwere der Erkrankung und die Notwendigkeit von Behandlungsmaßnahmen bzw. die Fähigkeit, entsprechend der gewonnenen Einsicht zu handeln.

Allerdings sind die genannten und vom BVerfG entwickelten Anforderungen zur Einhaltung des Verhältnismäßigkeitsgrundsatzes nicht alle klar aus dem PsychKG NRW ersichtlich. Insoweit stellt sich das Problem der Verfassungsgemäßheit der Regelung vor dem Hintergrund des schweren Eingriffes in die Rechte des Patienten, der deshalb einer hinreichend konkreten

48 S. dazu auch *Götz*, a.a.O. (FN 1), S. 170, 153 mwN; LG Mönchengladbach, PflR 2005, 178; FamRZ 2009, 115.

und bestimmten und damit verfassungsgemäßen Rechtsgrundlage bedarf.[49] Es ist also nicht auszuschließen, dass eine gerichtliche Überprüfung des Tatbestandes zurzeit auch zum Verdikt der Verfassungswidrigkeit einer öffentlich-rechtlichen Unterbringung führen könnte. In diesem Zusammenhang ist der Landesgesetzgeber zu einer genauen Prüfung veranlasst.[50]

II. Verfahrensbestimmungen

Die öffentlich-rechtliche Zwangsbehandlung ist durch die ärztliche Leitung anzuordnen (oder bei Verhinderung durch deren Vertretung) und durch ärztliches Personal vorzunehmen, § 18 Abs. 5 PsychKG NRW. Zwangsbehandlungen sind zu dokumentieren. Die Pflicht bezieht sich auf die maßgeblichen Gründe für die Behandlung einschließlich der Art der Durchführung sowie Form, Inhalte und Ergebnisse der Wirkungsüberwachung. Sie ist zwar nicht in § 18 Abs. 4 PsychKG NRW geregelt,[51] kann aber § 16 Abs. 2 S. 1 PsychKG NRW entnommen werden. Danach sind Eingriffe in die Rechte Betroffener schriftlich festzuhalten und zu begründen. Des Weiteren verweist § 13 PsychKG NRW auf die Vorschriften des FamFG.

In verfahrensrechtlicher Hinsicht erscheint das Fehlen einer Regelung als problematisch, die die Aufklärung des Betreuten und eine Zustimmungswerbung fordert.[52] Ähnlich den Anforderungen in anderen öffentlich-rechtlichen Vorschriften (wie etwa § 16 Abs. 3 Nr. 2 PsychKG HH) sowie im zivilrechtlichen Unterbringungsverfahren gem. § 1906 BGB läge die Forderung nahe, dass der Betreute im Rahmen seiner Möglichkeiten über die Behandlung zumindest aufgeklärt wird. Nur auf diese Weise kann zumindest die Herbeiführung eines „natürlichen Einverständnisses" erzielt werden.[53]

---

49 S. ausf. dazu *Götz*, a.a.O. (FN 1), S. 149 ff., 154 ff., 163 ff., 175 ff., 233 f.

50 Vgl. zu dahingehenden Bestrebungen LT-Drs. NRW 15/4217, S. 3 sowie Fn. 726 und Koalitionsvertrag 2012-2017 zwischen SPD und Bündnis 90/DIE GRÜNEN, S. 91, abrufbar unter http://nrwspd.de/db/docs/doc_40518_2012121111516.pdf.

51 Vgl. *Götz*, a.a.O. (FN 1), S. 167 f. mwN; *Dodegge/Zimmermann*, PsychKG (3. Aufl., 2011) § 18 Rn. 4a.

52 Vgl. *Götz*, a.a.O. (FN 1), S. 155 f.

53 *Götz*, a.a.O. (FN 1), S. 155 f.

E. Auswirkungen einer Patientenverfügung

I. Die Rolle des Patientenvertreters bei verbindlicher Patientenverfügung

Gleichzeitig mit Inkrafttreten des FamFG am 1.9.2009 wurde – wie eingangs bereits erwähnt – auch § 1901a BGB als Regelung zur Patientenverfügung erlassen. Die Norm selbst befasst sich nicht mit Unterbringungen,[54] kann aber für Zwangsbehandlungen Rechtsfolgen auslösen. Dies folgt auch daraus, dass der Gesetzgeber in seiner amtlichen Begründung des „Gesetzes zur Regelung der betreuungsrechtlichen Einwilligung in eine ärztliche Zwangsmaßnahme", das gleichzeitig mit dem Patientenrechtegesetz im Februar 2013 in Kraft trat, explizit auf die Beachtlichkeit des vorab erklärten Willens eines einwilligungsfähigen Patienten hingewiesen hat.[55]

Denkbar wäre zunächst, dass eine verbindliche Patientenverfügung bereits die Zuständigkeit des Betreuers zur Einwilligung in eine Zwangsbehandlung beseitigt, wenn der Betreute in gesunden Tagen eine passende Einwilligung bzw. Nichteinwilligung i.S.v. § 1901a BGB verfügt hat.[56] Dafür spricht u.U. § 630d Abs. 1 S. 2 BGB, wonach bei vorliegender Patientenverfügung auf die Einwilligung eines Patientenvertreters verzichtet werden kann.[57]

Allerdings widerspricht diese Annahme § 1901a Abs. 1 S. 2 BGB. Danach muss der Betreuer grundsätzlich dem aus einer Patientenverfügung ermittelten Patientenwillen Ausdruck und Geltung verschaffen. Spräche man ihm seine Einwilligungszuständigkeit ab, führte dies bei positiver Patientenverfügung, die eine antizipierte Einwilligung des Patienten in bestimmte ärztliche Maßnahmen enthält, zu einem unbefriedigenden Ergebnis: Die Behandlung könnte nun bei entgegenstehendem natürlichen Willen deshalb nicht durchgeführt werden, weil der Betreuer – wie § 1906 Abs. 3 BGB es fordert – nicht in eine zwangsweise Durchsetzung der Behandlung einwilligen kann. Dass der Patient die ursprünglich gewünschte Maßnahme nicht erhält, kann der Gesetzgeber aber weder gewollt noch gemeint haben. Das Ergebnis widerspricht zudem dem Selbstbestimmungsgrundsatz, weil der erklärte Patientenwille unterlaufen wird, und entbehrt ferner einer Grund-

---

54 Vgl. auch *Götz*, a.a.O. (FN 1), S. 212.

55 BT-Drs. 17/11513, S. 7.

56 Vgl. Bamberger/Roth/*Müller*, a.a.O. (FN 42), § 1906, Rn. 26.

57 Zu dem Verhältnis von §§ 630d und 1906 BGB und der Bedeutung in diesem Zusammenhang sogleich mehr.

lage im Gesetzeswortlaut. Schließlich findet diese Betrachtungsweise auch keine Stütze in § 630d Abs. 1 S. 2 BGB. Bei vorliegender Patientenverfügung verzichtet die Norm zwar auf die Einwilligung eines Patientenvertreters. Der Arzt kann danach selbstständig entscheiden, wenn er keine Zweifel am Vorliegen einer wirksamen Patientenverfügung hat, die auf die aktuelle Lebens- und Behandlungssituation zutrifft. Die Norm ist auf den beschriebenen Fall aber nicht anwendbar. Sie betrifft allein die Einwilligung in medizinische Maßnahmen i.S.v. § 630d BGB, also etwa Heileingriffe, nicht hingegen den § 1906 Abs. 3 BGB zugrunde liegenden schwerwiegenden grundrechtlichen Eingriff durch eine Zwangsbehandlung während einer Unterbringung. Daraus folgt, dass eine verbindliche Patientenverfügung die Einwilligung des Patientenvertreters im Zwangsbehandlungsverfahren nicht entbehrlich macht.

II. Auswirkungen einer Patientenverfügung auf Zwangsbehandlungen im Übrigen

1. Positive Patientenverfügung

Eine auf die aktuelle Lebens- und Behandlungssituation zutreffende, wirksame Patientenverfügung (§ 1901a Abs. 1 BGB) ist grundsätzlich verbindlich. Wichtig ist der Hinweis, dass eine darauf beruhende Behandlung von einer vorherigen wirksamen Aufklärung des Verfassers oder später von einer Aufklärung des Patientenvertreters abhängt, da sie eine Einwilligung in eine künftige ärztliche Maßnahme enthält. Ohne eine solche Aufklärung kann sie deshalb nur Indiz für den Willen des Patienten sein.[58]

Ferner stellt sich die Frage, ob eine solche Patientenverfügung zwangsweise durchzusetzen ist, wenn der Patient der anstehenden Behandlung später mit natürlichem Willen entgegentritt. Dem steht nicht entgegen, dass der natürliche Widerstand keinen wirksamen Widerruf der Verfügung gem. § 1901a Abs. 1 S. 2 BGB darstellt, da dem Patienten die dazu erforderliche Einwilligungsfähigkeit fehlt.[59]

Entspricht der Vertreter nach Maßgabe des § 1901a Abs. 1 S. 2 BGB der positiven Patientenverfügung und willigt gem. § 1906 Abs. 3 S. 1 in die

58 Vgl. BT-Drs. 17/10488, S. 23 f. Eine ablehnende Verfügung ist dagegen auch ohne vorherige Aufklärung wirksam.

59 S. *Götz*, a.a.O. (FN 1), S. 215 f.

Zwangsbehandlung ein, bedarf seine Einwilligung gem. § 1906 Abs. 3 BGB zwingend der Genehmigung durch das Betreuungsgericht, vgl. § 1906 Abs. 3a S. 1 BGB. Dem Vertreter kommt also auch keine Eilkompetenz oder Alleinentscheidungsmacht zu.[60] In der Praxis ist dies insbesondere bei aggressiven oder massiv selbstgefährdeten Patienten problematisch.[61] Bei ihnen kommt als Grundlage einer Zwangsbehandlung in Notfällen in engen Grenzen § 34 StGB analog in Betracht.

Sobald die Voraussetzungen für die ärztliche Zwangsmaßnahme wegfallen, hat der Vertreter seine Einwilligung gem. § 1906 Abs. 3a S. 2 BGB zu widerrufen und seinen Widerruf gem. § 1906 Abs. 3a S. 3 BGB dem Betreuungsgericht anzuzeigen.

Für die Patienten folgt hieraus eine Verzögerung durch das Genehmigungsverfahren. Generell wird jedoch dem wirksam erklärten Willen entsprochen, evtl. nach einem Eilverfahren. Im Einklang mit der getroffenen Festlegung aus der positiven Patientenverfügung ist der Betroffene daher auch gegen seinen (natürlichen) Willen zu behandeln.

In den Fällen, in denen kein Betreuer bestellt war, gab es nach Inkrafttreten des Patientenverfügungsgesetzes im Jahre 2009 einen Streit, ob dem Arzt selbst die Kompetenz zur Willensermittlung zufällt, wenn er eine eindeutige Patientenverfügung vorfindet.[62]

Dieser Streit um die Notwendigkeit der Hinzuziehung eines Betreuers hat sich grundsätzlich mit dem Patientenrechtegesetz durch § 630d Abs. 1 S. 2 BGB erledigt.[63] Danach ist die Einwilligung eines hierzu Berechtigten anstelle des einwilligungsunfähigen Betroffenen nur einzuholen, soweit keine Patientenverfügung nach § 1901a Abs. 1 S. 1 BGB die Maßnahme gestattet oder untersagt. Auf eine Betreuerbeteiligung kommt es hingegen nicht mehr an, wenn der Arzt keine Zweifel am Vorliegen einer wirksamen Patientenverfügung hat, die auf die aktuelle Lebens- und Behandlungssituation zutrifft.[64] Er kann dann selbstständig entscheiden, soweit er sich die Beurteilung zutraut.

Allerdings besteht die Kompetenz des Arztes zur Willensermittlung bei eindeutiger Patientenverfügung nur für medizinische Maßnahmen nach

---

60 Vgl. Bamberger/Roth/*Müller*, a.a.O. (FN 42), § 1906, Rn. 29.

61 Bamberger/Roth/*Müller*, a.a.O. (FN 42), § 1906, Rn. 29 mwN.

62 Vgl. ausf. dazu etwa *Schwedler*, Die Einwilligung des Berechtigten in eine ärztliche Behandlung, MedR 2013, 652 ff.; *Götz*, a.a.O. (FN 1), S. 196 ff.

63 S. auch *Olzen/Lilius-Karakaya*, a.a.O (FN 23), BtPrax 2013, 127 ff. (130).

64 Vgl. auch BT-Drs. 17/10488, S. 23, 55.

§ 630d Abs. 1 S. 1 BGB. Sie betrifft dagegen nicht nachfolgende Zwangsbehandlungen i.S.d. § 1906 Abs. 3 BGB. Zum einen ist § 1906 Abs. 3 BGB als Regelung der Zwangsbehandlung gegenüber § 630d BGB spezieller und damit vorrangig. § 1906 Abs. 3 BGB fordert nach seinem klaren Wortlaut zwingend den Einsatz eines Betreuers. Zum anderen findet aber § 630d Abs. 1 S. 2 BGB auch deshalb keine Anwendung, weil dessen S. 3 ausdrücklich festlegt, dass weitergehende Anforderungen an die Einwilligung aus anderen Vorschriften unberührt bleiben.[65] Für die in ihrer Eingriffsintensität über die Fälle des § 630d BGB weit hinausgehende Zwangsbehandlung sind daher die Anforderungen des § 1906 Abs. 3, 3a BGB uneingeschränkt maßgeblich. Der Arzt kann also grundsätzlich nicht allein über die Zwangsbehandlung entscheiden, soweit sich keine Rechtfertigung in Notfällen aus § 34 StGB analog ableiten lässt.

Problematisch ist die Situation, wenn der Arzt entgegen dem natürlichen Willen des Patienten behandeln will, aber der Vertreter trotz der ihn grundsätzlich bindenden positiven Patientenverfügung die Zwangsbehandlung ablehnt und seine Einwilligung verweigert. Zwar entscheidet gem. § 1904 Abs. 3 BGB allein der (verbindliche) Wille des Patienten, wie er seinen Niederschlag in der Patientenverfügung gefunden hat. Die beschriebene Situation ist aber z.B. denkbar, weil der Vertreter der Ansicht ist, die Patientenverfügung treffe nicht auf die aktuelle Situation zu.

§ 1906 Abs. 3 BGB hilft in diesem Fall nicht weiter, da er nur die Einwilligung des Vertreters in die Zwangsbehandlung, nicht aber dessen Nichteinwilligung regelt, so dass es dafür keine Verfahrensregeln gibt.

Ein Rückgriff auf § 1904 Abs. 2 BGB, der die Nichteinwilligung des Vertreters in eine Untersuchung des Gesundheitszustandes, eine Heilbehandlung oder einen ärztlichen Eingriff betrifft, hilft ebenso wenig wie § 1904 Abs. 4 BGB. Beide Vorschriften betreffen zwar Konflikte zwischen Vertreter und Arzt bei Behandlung oder Nichtbehandlung eines Patienten, aber nicht im Rahmen der Zwangsbehandlung gem. § 1906 Abs. 3, 3a BGB. Dem Arzt steht indessen der Weg offen, das Betreuungsgericht anzurufen, um eine Verletzung von Betreuerpflichten anzuzeigen, denen das Gericht in dem amtswegigen Verfahren nachzugehen hat. Bestätigen sich die Bedenken des Arztes an der Lesart der Patientenverfügung durch den Betreuer, kommt grundsätzlich in Betracht, dass das Gericht gem. § 1908i Abs. 1 S. 1

65 BT-Drs. 17/10488, S. 23 nennt dazu beispielhaft lediglich Fälle der §§ 1904, 1905, 1906 BGB und des Gendiagnostikgesetzes.

i.V.m. § 1837 Abs. 2 S. 1 BGB den Betreuer berät, beaufsichtigt und nötigenfalls anweist („durch geeignete Gebote und Verbote einzuschreiten"). Gegen eine Befugnis auf diese Weise vom Patientenvertreter die Einwilligung zu verlangen, spricht vorliegend aber der Umstand, dass das Gesetz dem Gericht keine eigene Kompetenz in dieser Frage eingeräumt hat, wie sich im Umkehrschluss aus § 1906 Abs. 3 S. 2 BGB ergibt. Diese Entscheidung des Gesetzgebers würde aber konterkariert durch die Befugnis zur Anweisung des Patientenvertreters. Die einzige Möglichkeit bestünde in der Entlassung des Patientenvertreters aus wichtigem Grund gem. § 1908b BGB, etwa weil dieser sich ohne vernünftige Begründung der (zwangsweisen) Behandlung des Betreuten widersetzt.

2. *Negative Patientenverfügung*

Nach § 1901a Abs. 1 S. 2 BGB darf der Vertreter eine in der Patientenverfügung abgelehnte ärztliche Maßnahme nicht veranlassen. Grundsätzlich muss er sich selbst dann nach der Patientenverfügung richten, wenn die Verweigerung der Behandlung (z.B. der Medikamenteneinnahme) eine Gefahr für die körperliche Integrität oder das Leben des Patienten darstellt.

Ähnlich der soeben beschriebenen Situation ist der Fall denkbar, dass der Patientenvertreter bei negativer Patientenverfügung die Behandlung verweigert, während der Arzt behandeln will. Dies beruht z.B. darauf, dass er die Patientenverfügung anders als der Vertreter versteht und annimmt, dass sie nicht auf die gegenwärtige Situation zutrifft. Ebenso wie oben setzt § 1906 Abs. 3 BGB jedoch auch hier zwingend die Einwilligung des Patientenvertreters voraus und löst nicht den Konflikt, wenn diese verweigert wird.

In solch einem Fall kann der Behandelnde ebenfalls das Betreuungsgericht anrufen, das gem. § 1908i i.V.m. § 1837 Abs. 2 analog BGB tätig werden muss, wenn es zu der Einschätzung gelangt, dass der Vertreter die Patientenverfügung nicht zutreffend auslegt. Allerdings gilt auch hier, dass über diesen Weg nicht die fehlende Genehmigungszuständigkeit des Gerichts überwunden werden kann. Deshalb bleibt es allein und ausnahmsweise bei einer Entlassung des Betreuers und der Bestellung eines neuen. Für die Dauer dieses Verfahrens darf es nicht zu einer Behandlung gegen den in der Patientenverfügung geäußerten Willen kommen. Nur wenn sich später herausstellt, dass die Patientenverfügung nicht wirksam oder nicht auf die Situation zutreffend ist, könnte ausnahmsweise eine Rechtfertigung analog § 34 StGB in Betracht kommen. Im Übrigen lässt sich aber festhalten, dass Zwangsbehandlungen auf der Grundlage des Betreuungsrechts entfallen, wenn der entgegenstehende Wille des Patienten gem. §§ 1901a, b BGB festgestellt wurde. Dass eine Patientenverfügung auch dann Vorrang gegenüber der aktuelleren Erklärung eines Vertreters genießt, ergibt sich nicht zuletzt aus dem Rechtsgedanken des § 630d Abs. 1 S. 2 BGB, der dies ausdrücklich sowohl für negative als auch positive Patientenverfügungen anordnet.

Willigt der Vertreter hingegen in eine Zwangsbehandlung trotz negativer Patientenverfügung ein, richtet sich deren Zulässigkeit nach § 1906 Abs. 3 BGB. Diese Einwilligung bedarf dann stets einer gerichtlichen Genehmigung gem. § 1906 Abs. 3a BGB. Ein solcher Fall ist etwa denkbar, wenn der Vertreter des Patienten die Verfügung als nicht auf die Situation zutreffend versteht. Dann überprüft das Gericht, ob der Wille des Patienten zutreffend ermittelt wurde und macht davon seine Genehmigung abhängig.

Fehlt ein Betreuer, ist entsprechend den obigen Ausführungen zunächst ein Vertreter zu bestellen, da § 1906 Abs. 3 BGB dessen Einwilligung verlangt. Maßgeblich sind im Übrigen – wie bereits erörtert – die Voraussetzungen des § 1906 Abs. 3, 3a BGB.

III. Auswirkungen einer Patientenverfügung im Rahmen der Unterbringung gem. § 18 PsychKG NRW

Betroffene können mit Hilfe einer wirksamen negativen Patientenverfügung also ärztliche (Zwangs-) Maßnahmen grundsätzlich verhindern. Soweit der von § 1901a BGB geschützte Willensvorrang reicht, geht er den landesrechtlichen Regelungen des § 18 Abs. 4 PsychKG NRW vor. Dies ergibt sich nur vordergründig aus Art. 31 GG, wonach Bundesrecht Landesrecht bricht.[66] Dies gilt nämlich nur im Kollisionsfall und nicht, wenn unterschiedliche Zweckrichtungen der kollidierenden Gesetze bestehen. Insoweit ist zu beachten, dass die öffentlich-rechtliche Unterbringung in erster Linie der Gefahrenabwehr dient und deshalb von den Betroffenen nicht disponiert werden kann, auch nicht durch eine Patientenverfügung.

---

66 *Dodegge*, a.a.O. (FN 51), § 18 Rn. 4b; krit. *Götz*, a.a.O. (FN 1), S. 221 mwN; *Jarass/Pieroth*, GG, Art. 31 Rn. 5; *Sodann/Leisner*, GG, Art. 31 Rn. 6. .

Andererseits liegt dem PsychKG NRW wie dem Betreuungsrecht auch ein gewisser Fürsorgegedanke gegenüber dem Einzelnen zugrunde.[67] Er bliebe unberücksichtigt, wenn man den Patientenwillen außer Betracht ließe. Diese Einschätzung liegt auf der Linie der Rechtsprechung des BGH, der in zwei zentralen Entscheidungen[68] ausdrücklich hervorgehoben hat, dass jede ärztliche Behandlung gegen den Willen des Patienten ein rechtswidriger Eingriff in seine körperliche Integrität und damit selbst dann unzulässig ist, wenn das Unterbleiben der Maßnahme zum Tode des Betroffenen führt. Wörtlich heißt es[69] „Zwangsbehandlungen (sind) auch, wenn sie lebenserhaltend wirken (...), unzulässig". Der gegenteilige Schluss auf der Grundlage des Wortlautes von § 18 Abs. 3, 4 PsychKG NRW würde das verfassungsrechtliche Selbstbestimmungsrecht also nicht hinreichend berücksichtigen. Deshalb muss der Patientenvertreter bei der Prüfung der Einwilligung in eine ärztliche Behandlung nach § 18 Abs. 3 S. 2 PsychKG NRW den Willen des Patienten verwirklichen. Zwangsmaßnahmen gem. § 18 Abs. 4 PsychKG NRW haben somit zu unterbleiben, sobald dieser in einer Patientenverfügung niedergelegte Wille (eventuell unter Einschaltung des Betreuungsgerichts) festgestellt wurde und entgegensteht.

Der Wille des Patienten findet aber nach dem Wortlaut des § 18 Abs. 4 PsychKG NRW dort seine Grenze, wo er darauf gerichtet ist, sich oder Dritten zu schaden.[70] Von einem uneingeschränkten Willensvorrang des Patienten kann also nicht ausgegangen werden, soweit das Selbstbestimmungsrecht des Behandelten und die staatliche Fürsorge für Dritte kollidieren. Dies führt dazu, dass in den Fällen der Fremdgefährdung Zwangsmaßnahmen bei hohen Anforderungen an die Verhältnismäßigkeit denkbar sind, wenn sich die Gefahr nicht allein durch die Unterbringung verhindern lässt. Der Willensvorrang des Behandelten wird also durch den Schutz der Rechte Dritter begrenzt.[71] Deshalb kommt eine Zwangsbehandlung trotz entgegenstehender Patientenverfügung in Betracht, wenn es gilt, eine trotz Unterbringung fortbestehende Gefährdung erheblicher Rechtsgüter Dritter abzuwenden. Ebenfalls unter Aspekten der Verhältnismäßigkeit ist jedoch zu prüfen, ob

---

67 *Olzen/Schneider*, a.a.O. (FN 15), MedR 2010, 745 ff. (750).

68 BGH, NJW 2003, 1588 (1589); NJW 2005, 2385; ebenso jeweils mwN; *Olzen*, a.a.O (FN 15), Gutachten (2009), 40 ff. (49); *Beckmann*, MedR 2009, 582 ff. (583).

69 BGH, NJW 2005, 2385 unter Hinw. auf NJW 2003, 1588 ebenso *Olzen*, a.a.O (FN 15), Gutachten (2009), S. 49.

70 LT-Drs. 12/4063, S. 27.

71 S. *Götz*, a.a.O. (FN 1), S. 219.

eine Unterbringung oder unterbringungsähnliche Maßnahme wirklich weniger einschneidend wirkt als eine erfolgversprechende Zwangsbehandlung. Daran können etwa begründete Zweifel bestehen, wenn es ohne die ärztlichen Maßnahmen zu einer deutlichen Verlängerung der Unterbringungsdauer kommt (z.B. Verwahrung des Betroffenen zur Gefahrenabwehr) oder sich ein Wahn zunehmend chronifiziert, während die Patientenverfügung keine konkreten Aussagen dazu enthält, ob der Betroffene dies eingeplant hat.[72] Solange ein entgegenstehender, verbindlicher Wille des Betroffenen nicht festgestellt ist, bleiben dann u.U. lebenserhaltende und andere unaufschiebbare ärztliche Maßnahmen (vorläufig) zulässig.[73]

F. Schlussbetrachtung

Der Gesetzgeber hat mit § 1906 Abs. 3 BGB als Reaktion auf die Entscheidung des BVerfG zeitnah eine Regelung zur betreuungsrechtlichen Zwangsbehandlung geschaffen. Darin wurden die Vorgaben des Gerichts weitgehend umgesetzt und mehr Rechtssicherheit für die psychiatrische Praxis geschaffen. Gleichwohl bleiben Unsicherheiten. Die öffentlich-rechtliche Regelung der Zwangsbehandlung in § 18 Abs. 4 PsychKG NRW ist unter verfassungsrechtlichen Gesichtspunkten zurzeit zweifelhaft. So sind nach den Vorgaben des BVerfG bestimmte Anforderungen zur Einhaltung des Verhältnismäßigkeitsgrundsatzes zwingend zu berücksichtigen, die sich nicht ohne weiteres dem Gesetzeswortlaut entnehmen lassen. Dies erscheint nicht zuletzt wegen des Bestimmtheitsgrundsatzes problematisch.

Dagegen besteht kein Zweifel, dass eine wirksame Patientenverfügung als Ausdruck des Patientenwillens auch im Rahmen der Zwangsbehandlung grundsätzlich zu berücksichtigen ist. Lässt sich auf ihrer Grundlage ein der Behandlung entgegenstehender Wille des Betroffenen feststellen, steht sie deshalb einer Zwangsbehandlung entgegen. Sie erlaubt eine Zwangsbehandlung dagegen, wenn der jetzt einwilligungsunfähige Patient die Behandlung in einer verbindlichen Patientenverfügung gewünscht hat und ihr jetzt mit natürlichem Willen widerspricht. Der Adressat einer Patientenverfügung hat allerdings zu prüfen, ob die „aktuelle Lebens- und Behandlungssituation“ von der Verfügung erfasst ist. Soweit § 630d Abs. 1 S. 2 BGB

---

72 *Dodegge*, a.a.O. (FN 51), § 18 Rn. 4b.

73 *Dodegge*, a.a.O. (FN 51), § 18 Rn. 4b mwN; *Grözinger u.a.*, Der Nervenarzt 2011, S. 61.

vorsieht, dass es nicht mehr auf eine Betreuerbestellung ankommt, sondern der Arzt die Kompetenz hat, selbst den Willen aus der Patientenverfügung zu ermitteln, trifft dies nur auf die dort geregelten medizinischen Eingriffe ohne Zwang zu. Im Rahmen der Zwangsbehandlung nach § 1906 Abs. 3, 3a BGB bedarf es dagegen weiterhin zwingend der Mitwirkung des Betreuers, weil hier die Voraussetzungen seiner Einwilligung in die Zwangsbehandlung speziell geregelt werden.

Angesichts offen gebliebener Fragen und Probleme ist ein Ende der langjährigen Diskussion über die Rechtslage der Zwangsbehandlung immer noch nicht absehbar.

Das Patientenrechtegesetz und der nemo tenetur-Grundsatz – Überlegungen zur Reichweite des § 630c Abs. 2 S. 3 BGB

Professor Dr. Helmut Frister und Thomas Wostry[*]

A. Einleitung

Am 26. Februar 2013 ist das Patientenrechtegesetz[1] in Kraft getreten. Es bescherte dem Bürgerlichen Gesetzbuch im Bereich des Dienstvertragsrechts einen weiteren Untertitel, der zwar unter der Überschrift „Behandlungsvertrag" steht, inhaltlich aber weit mehr als den Behandlungsvertrag regelt. Verhältnismäßig wenig Aufmerksamkeit wurde bislang dem zweiten Absatz des § 630c BGB zuteil, der neben einer den Behandlungsfehler betreffenden Informationspflicht des Behandelnden ein entsprechendes Verbot der Beweisverwendung in Straf- und Bußgeldverfahren vorsieht.[2] Soweit dem Behandelnden Umstände erkennbar sind, die die Annahme eines Behandlungsfehlers begründen, ist er gemäß § 630c Abs. 2 S. 2 BGB verpflichtet, den Patienten auf Nachfrage oder zur Abwendung gesundheitlicher Gefahren über diese Umstände zu informieren. Die Verwendung dieser Information zu Beweiszwecken in einem gegen den Behandelnden oder gegen seinen Angehörigen im Sinne des § 52 Abs. 1 StPO geführten Straf- oder Bußgeldverfahren macht § 630c Abs. 2 S. 3 BGB von der Zustimmung des

---

* Professor Dr. *Helmut Frister* ist Inhaber des Lehrstuhls für Strafrecht und Strafprozessrecht an der Heinrich-Heine-Universität Düsseldorf und geschäftsführender Direktor des Instituts für Rechtsfragen der Medizin Düsseldorf. *Thomas Wostry* ist Rechtsreferendar am Landgericht Düsseldorf und als wissenschaftlicher Mitarbeiter am Institut für Rechtsfragen der Medizin Düsseldorf tätig.

1 Gesetz zur Verbesserung d. Rechte von Patientinnen und Patienten v. 20. Februar 2013, BGBl. I, S. 277.

2 Bereits vor dem Patientenrechtegesetz wurde die Erforderlichkeit eines strafprozessualen Verwertungsverbots diskutiert, vgl. nur *Kleuser*, Die Fehleroffenbarungspflicht des Arztes, 1995, S. 167 ff. m.w.N. Die Verankerung des Beweisverwendungsverbotes wiederum im BGB wird durchaus als „erstaunlich" bezeichnet, vgl. *Spickhoff*, Rechtspolitische Anmerkungen zum geplanten Patientenrechtegesetz, ZRP 2012, 65 (67); *Katzenmeier*, Der Behandlungsvertrag – Neuer Vertragstypus im BGB, NJW 2013, 817 (819).

Behandelnden abhängig. Dieses Zweigespann aus Informationspflicht und Beweisverwendungsverbot ist bereits kurz nach Inkrafttreten des Patientenrechtegesetzes aus den Reihen der Richterschaft als „Kuriosum" und „vollständig realitätsfern" bezeichnet worden.[3] Die Norm sorge bei Ärzten für „erhebliche Unruhe und Unsicherheit", laufe aber ins Leere.[4] Selbst wenn es sich bei der Informationspflicht aus § 630c Abs. 2 S. 2 BGB letztlich um einen zahnlosen Tiger handeln mag[5], ist es jedoch auch aus praktischer Perspektive keineswegs ausgeschlossen, dass ein Behandelnder seine Pflicht zur Information über Behandlungsfehler erfüllt.[6] Deshalb erscheint es un-

---

3 Vgl. *Thurn*, Das Patientenrechtegesetz – Sicht der Rechtsprechung, MedR 2013, 153 (155) — dort auch die Zitate; ebenso *Jaeger*, Patientenrechtegesetz, 2013, Rdnr. 110 (= S. 52).

4 Vgl. *Thurn*, Das Patientenrechtegesetz – Sicht der Rechtsprechung, MedR 2013, 153 (155) — dort auch die Zitate; ebenso *Jaeger*, Patientenrechtegesetz, 2013, Rdnr. 110 (= S. 52); zusammenfassend *Martis/Winkhart*, Arzthaftungsrecht, 4. Aufl. 2014, P 23 ff.; *Wagner*, Kodifikation des Arzthaftungsrechts? – Zum Entwurf eines Patientenrechtegesetzes, VersR 2012, 789 (797) schlägt —*de lege ferenda*— vor, den Arzt jedenfalls von der Strafbarkeit nach Fahrlässigkeitsdelikten freizustellen, wenn er den Patienten über eigene Behandlungsfehler informiert, um auf diese Weise in der Praxis für die Erfüllung der Informationspflicht zu sorgen.

5 In dieser Richtung wohl etwa *Wagner*, Kodifikation des Arzthaftungsrechts? – Zum Entwurf eines Patientenrechtegesetzes, VersR 2012, 789 (796); *Katzenmeier*, Der Behandlungsvertrag – Neuer Vertragstypus im BGB, NJW 2013, 817 (819); *Preis/ Schneider*, Das Patientenrechtegesetz – eine gelungene Kodifikation?, NZS 2013, 281 (283); Jauernig-*Mansel*, BGB, 15. Aufl. 2014, § 630c, Rdnr. 7; *Rehborn*, Das Patientenrechtegesetz, GesR 2013, 257 (261) nimmt einen Gleichlauf der Informationspflicht aus § 630c Abs. 2 S. 2 BGB und der berufsrechtlichen Pflicht zur gewissenhaften Berufsausübung an (vgl. § 2 Abs. 2 MBO-Ä).

6 Die Gelegenheit, Mitteilungen über Behandlungsfehler im Praxistest zu beobachten, besteht darüber hinaus auch anhand der sog. *Critical Incident Reporting Systems* (CIRS; vgl. dazu *Hart*, Patientensicherheit, Risikomanagement, Arzneimittelbehandlung und Arzthaftungsrecht, MedR 2007, 383 ff.; *dens*., Patientensicherheit, Fehlermanagement, Arzthaftungsrecht – zugleich ein Beitrag zur rechtlichen Bedeutung von Empfehlungen, MedR 2012, 1 ff.; zu der Bedeutung des Qualitätsmanagements im Rahmen einer Compliance-Struktur vgl. auch *Lindemann/Wostry*, Zur strafrechtlichen Verantwortlichkeit für organisationsbedingte Behandlungsfehler im Rahmen ambulanter und stationärer Operationstätigkeit, HRRS 2012, 138 [143 ff.]). Zwar hat der Gesetzgeber mit dem Patientenrechtegesetz in § 135a Abs. 3 SGB V festgelegt, dass Meldungen aus einrichtungsinternen und einrichtungsübergreifenden Risikomanagement- und Fehlermeldesystemen im Rechtsverkehr nicht zum Nachteil des Meldenden verwendet werden dürfen (vgl. auch BT-Drucks. 17/11710, S. 17 und 41). Aber dies gilt nach § 135a Abs. 3 S. 2 SGB V nicht, soweit die Verwendung zur Verfolgung einer Straftat, die im Höchstmaß mit mehr als fünf Jahren Freiheitsstrafe

abhängig von der Frage der Durchsetzbarkeit der Informationspflicht geboten, das Zusammenspiel der Sätze 2 und 3 des zweiten Absatzes aus § 630c BGB unter der Fragestellung genauer in Betracht zu nehmen, ob und inwieweit der Arzt durch das normierte Verwendungsverbot tatsächlich vor den strafrechtlichen Folgen einer Selbstbelastung geschützt wird.

B. Der nemo tenetur – Grundsatz

Ein Blick in die jüngere Rechtsprechung des Bundesverfassungsgerichts zeigt, dass „[d]ie Aussagefreiheit des Beschuldigten und das Verbot des Zwangs zur Selbstbelastung (nemo tenetur se ipsum accusare) notwendiger Ausdruck einer auf dem Leitgedanken der Achtung der Menschenwürde beruhenden rechtsstaatlichen Grundhaltung [sind]“.[7] Diese Feststellungen hat der *zweite Senat* des BVerfG jüngst in der Auseinandersetzung mit Verständigungen im Strafprozess formuliert und sogleich hinzugefügt, dass im Rahmen des Strafverfahrens niemand gezwungen werden dürfe, sich durch seine eigene Aussage einer Straftat zu bezichtigen oder zu seiner Überführung aktiv beizutragen.[8] Damit korrespondierend zählt der EGMR die Selbstbelastungsfreiheit zum Kernbestand des fairen Verfahrens nach Art. 6 EMRK[9] und der BGH sieht in ihr ein Grundprinzip eines rechtsstaatlichen Strafverfahrens.[10]

Obwohl § 630c Abs. 2 S. 2 BGB den Behandelnden nur dazu verpflichtet, die auf einen eigenen Behandlungsfehler hindeutenden Umstände *gegenüber dem Patienten* offen zu legen, liegt es auf der Hand, dass diese Informationspflicht mit dem Prinzip der Selbstbelastungsfreiheit kollidieren kann. Wenn die dem Patienten gegebene Information durch dessen Verneh-

---

bedroht ist und auch im Einzelfall besonders schwer wiegt, erforderlich ist und die Erforschung des Sachverhalts oder die Ermittlung des Aufenthaltsorts des Beschuldigten auf andere Weise aussichtslos oder wesentlich erschwert wäre. Die Nichterfüllung der Vorgaben des § 135a SGB V kann gemäß § 137 Abs. 1 S. 2 SGB V mit von dem Gemeinsamen Bundesausschuss näher festzulegenden Konsequenzen belegt werden — insbesondere mit Vergütungsabschlägen für *non-compliance*.

7 BVerfG, NJW 2013, 1058 (1061).

8 Vgl. BVerfG, NJW 2013, 1058 (1061).

9 EGMR, JR 2013, 170 (174).

10 Vgl. BGH, NJW 2013, 2769 (2770); zu den Rechtsgrundlagen des nemo tenetur – Grundsatzes vgl. ferner Systematischer Kommentar zur StPO-*Rogall*, 4. Aufl. 2010, Vor §§ 133 ff., Rdnrn. 131 ff.

mung oder in anderer Weise in das Strafverfahren eingeführt wird, hat sich der Arzt zwar nicht unmittelbar, aber mittelbar selbst belastet. Auch ein solch mittelbarer Zwang zur Selbstbelastung ist — wie das BVerfG im sog. Gemeinschuldnerbeschluss[11] klargestellt hat — mit dem *nemo tenetur* – Grundsatz nicht zu vereinbaren.[12] Deshalb ist das der Informationspflicht korrespondierende Beweisverwendungsverbot des § 630c Abs. 2 S. 3 BGB eine verfassungsrechtliche Notwendigkeit. Es muss dafür Sorge tragen, dass die Regelung insgesamt den Anforderungen des *nemo tenetur* – Grundsatzes genügt. Bevor der Frage nachgegangen werden kann, ob und in welcher Auslegung dieses Verbot den Konflikt mit dem *nemo tenetur* – Grundsatz tatsächlich ausräumen kann, ist allerdings zunächst die Reichweite der Informationspflicht näher zu bestimmen.

C. *Die Informationspflicht des Behandelnden aus § 630c Abs. 2 S. 2 BGB*

I. *Das Innovationspotenzial der Informationspflicht aus § 630c Abs. 2 S. 2 BGB*

Die Informationspflicht des Behandelnden aus § 630c Abs. 2 S. 2 BGB knüpft nach Auskunft der Gesetzesbegründung[13] im Wesentlichen an die bislang schon geltende Rechtsprechung an. Indes hatte die bisherige veröffentlichte Rechtsprechung in der Diskussion über eine „Pflicht zur Information über Behandlungsfehler" nicht ausdrücklich Stellung bezogen.[14] Vielmehr finden sich Bemerkungen zur Fehleroffenbarung des Arztes — soweit ersichtlich— nur zu der Frage, durch Übermittlung welcher Infor-

11 BVerfG, NJW 1981, 1431 (1433).

12 Vgl. dazu im Umfeld des § 393 AO *Rogall*, in: Festschr. f. Kohlmann, 2003, S. 465 (467 ff.); rechtsvergleichend zur Bedeutung des Zwangs im Umfeld von Selbstbelastungen *von Gerlach*, in: Festschr. f. Hanack, 1999, S. 117 (119 ff.).

13 Vgl. BR-Drucks. 312/12, S. 30; BT-Drucks. 17/10488, S. 21.

14 Wie hier auch *Ratajczak*, Die Zahnarzthaftung nach dem Patientenrechtegesetz, 2013, S. 80; *Wagner*, Kodifikation des Arzthaftungsrechts? – Zum Entwurf eines Patientenrechtegesetzes, VersR 2012, 789 (795); *Martis/Winkhart*, Arzthaftungsrecht, 4. Aufl. 2014, P 21. Einige Stimmen aus der Literatur tendierten vor dem Patientenrechtegesetz dazu, dem Arzt eine spontane —mithin anlasslose— Offenbarungspflicht aufzuerlegen, vgl. zusammenfassend *Taupitz*, Aufklärung über Behandlungsfehler: Rechtspflicht gegenüber dem Patienten oder ärztliche Ehrenpflicht?, NJW 1992, 713 ff.

mationen der Arzt die Verjährungsfrist eines auf den Behandlungsfehler gründenden Schadensersatzanspruches in Gang setzen könne: Die Anspruchsverjährung hängt unter anderem von dem Zeitpunkt ab, in dem der Patient hinreichende Kenntnisse über den Schaden und die Person des Schädigers erlangt oder jedenfalls ohne grobe Fahrlässigkeit erlangen müsste (§ 199 Abs. 1 Nr. 2 BGB).[15] „Der Patient muß", so der BGH im Jahr 1984, „[scil. zur Kenntniserlangung] so viel wissen, daß bei zutreffender medizinischer und rechtlicher Subsumtion ohne weitere Ermittlung ihm etwa bisher verborgener Fakten eine Einschätzung der Prozeßaussichten möglich ist", wobei es nicht darauf ankomme, „ob der geschädigte Patient selbst zu einer solchen Beurteilung der ihm bekannten Tatsachen in der Lage ist".[16] Dieser Linie hatte sich auch die oberlandesgerichtliche Rechtsprechung angeschlossen.[17] Eine ausdrückliche Informationspflicht über Behandlungsfehler war bisher in der Rechtsprechung folglich nicht anerkannt.

II. Die Nachfrage- und Gefahrenabwendungsvarianten des § 630c Abs. 2 S. 2 BGB

Nach der Entwurfsbegründung zum Patientenrechtegesetz ist die nunmehr in § 630c Abs. 2 S. 2 BGB statuierte Informationspflicht das Resultat einer Abwägung zwischen dem Interesse des Patienten am Schutz seiner Gesundheit und dem Interesse des Behandelnden am Schutz seiner Person.[18] Diese

---

15 Die angesprochenen Fälle betrafen § 852 BGB a.F., nach dessen Vorbild heutzutage § 199 Abs. 1 Nr. 2 Var. 1 BGB auf den Zeitpunkt der Kenntnis rekurriert, vgl. dazu BeckOK-BGB-*Henrich/Spindler*, Stand: 1.11.2013, § 199, Rdnr. 17.

16 BGH, NJW 1984, 661. Dass der Arzt über den Umstand fehlerhafter Behandlung nicht aufzuklären verpflichtet war, rief Kritik hervor, die insbesondere darauf verwies, dass bei unentdeckten Behandlungsfehlern letztlich die Allgemeinheit für den verursachten Schaden aufkomme, vgl. zusammenfassend *Kleuser*, Die Fehleroffenbarungspflicht des Arztes, 1995, S. 4 ff.

17 Vgl. etwa OLG Frankfurt, Urt. v. 9.1.1992 – 15 U 211/89 –, juris, Rdnrn. 15 f., insoweit in NJW-RR 1993, 159 nicht abgedruckt; OLG Frankfurt, VersR 1986, 1195; OLG Hamm, NJW 1985, 685; OLG Bremen, Urt. v. 11.5.1988 – 3 U 17/88 –, juris (= VRS 77, 34 ff.). Vor dem Hintergrund der Historie aufschlussreich ist auch, dass nach jüngerer Rechtsprechung (vgl. OLG Köln, MedR 2013, 446 [447] mit Anm. *Jaeger*, MedR 2013, 448) allein die Wahrnehmung von Komplikationen noch nicht zwangsläufig die für den Lauf der Verjährungsfrist nach § 199 Abs. 1 BGB erforderliche Kenntnis vermittelt.

18 BR-Drs. 312/12, S. 30; BT-Drucks. 17/10488, S. 21.

Informationspflicht induzieren zwei nebeneinander stehende Anlässe: In der ersten Variante fragt der Patient ausdrücklich nach etwaigen Behandlungsfehlern und in der zweiten informiert der Behandelnde von sich aus, „soweit dies zur Abwendung gesundheitlicher Gefahren für den Patienten erforderlich ist".[19] Die Nachfragevariante konstituiert eine neuartige ärztliche Informationspflicht. Sie erleichtert dem Patienten letztlich die Geltendmachung von Ersatzansprüchen, indem er auch unabhängig von bestehenden Gesundheitsgefahren von dem Behandelnden auf Anhaltspunkte für die Existenz eines Ersatzanspruchs aufmerksam gemacht wird.[20] In diesem Befund spiegelt sich das Anliegen des Patientenrechtegesetzes, Informationsdisparitäten zwischen Arzt und Patient zu beseitigen.[21] Die Gefahrenabwendungsvariante wiederholt demgegenüber im Grunde nur eine ohnehin bestehende ärztliche Informationspflicht, weil schon das Institut der Sicherungsaufklärung (oder: therapeutischen Aufklärung)[22] den Hinweis auf die nach einer Behandlung bestehenden Risiken erfordert — etwa zur Abwendung von Selbstgefährdungen des Patienten oder zur Sicherung des Therapieerfolgs.[23] Die unterlassene Sicherungsaufklärung stellt dementsprechend

---

19 BR-Drucks. 312/12, S. 30; BT-Drucks. 17/10488, S. 21.

20 *Wagner*, Kodifikation des Arzthaftungsrechts? – Zum Entwurf eines Patientenrechtegesetzes, VersR 2012, 789 (795); vgl. zu der Diskussion, ob man diesen Effekt in den Normzweck einzustellen hat, auch Jauernig-*Mansel*, BGB, 15. Aufl. 2014, § 630c, Rdnr. 7.

21 Vgl. BR-Drucks. 312/12, S. 9; BT-Drucks. 17/10488, S. 9.

22 Vgl. zum synonymen Gebrauch beider Termini BGH, MedR 2009, 44 (46).

23 Vgl. BGH, NJW 2005, 1716; NJW 2005, 427 (428); NJW 1989, 2320 f.; BGH, MedR 2009, 44 (46); BGH, Urt. v. 25.1.2000 – VI ZR 68/99 –, juris, Rdnr. 13. Diesem Umstand korrespondiert, dass auch nach der Gesetzesbegründung in der Gefahrenabwendungsvariante des § 630c Abs. 2 S. 2 BGB den Behandelnden die „Pflicht zur gesundheitlichen Sorge des Patienten" treffe, vgl. BR-Drucks. 312/12, S. 30; BT-Drucks. 17/10488, S. 21. Ausführlich zur Sicherungsaufklärung *Martis/Winkhart*, Arzthaftungsrecht, 4. Aufl. 2014, Stichwort: Aufklärung, Rdnrn. A 580 ff. Zudem ist der Behandelnde mit der Erkenntnis einer für den Patienten bestehenden Gesundheitsgefahr auch im Rahmen des Facharztstandards zur Abwendung derselben verpflichtet. Für die Einwilligung in die zur Abwendung einer Gesundheitsgefahr erforderliche Behandlung (vgl. § 630e Abs. 1 BGB) und zur Erfüllung der Aufklärungspflichten aus §§ 630c Abs. 2 S. 1, 630e Abs. 1 BGB muss er den Patienten auch nach allgemeinen Regeln über die entsprechende Diagnose in Kenntnis setzen (vgl. zur Diagnoseaufklärung etwa BGH, NJW 2005, 427 [428]), und das gilt freilich nicht nur bei vorangegangenen Behandlungsfehlern.

einen eigenständigen Behandlungsfehler dar[24], während dies für die Unterlassung einer Informationserteilung ohne therapeutischen Bezug nicht zutrifft. Die Gefahrenabwendungsvariante des § 630c Abs. 2 S. 2 BGB ist somit inhaltlich bereits in der Sicherungs- und Diagnoseaufklärung angesiedelt.[25]

III. Die Information über erkennbare Umstände

Beide Varianten der Informationspflicht beziehen sich lediglich auf die Mitteilung erkennbarer Umstände, die die Annahme eines Behandlungsfehlers begründen. Mit „Umständen" ist der jeweilige Sachverhalt gemeint. Das heißt, der Arzt ist weder auf Nachfrage noch zur Abwendung gesundheitlicher Gefahren für den Patienten zu einer juristischen Wertung verpflichtet.[26] Dies hat der Gesundheitsausschuss im Gesetzgebungsverfahren klargestellt, indem er die Formulierung „über diese [scil. Umstände]" in den Wortlaut des § 630c Abs. 2 S. 2 BGB einfügte.[27]

---

24 Vgl. nur *Martis/Winkhart*, Arzthaftungsrecht, 4. Aufl. 2014, Stichwort: Aufklärung, Rdnrn. A 600 ff. m. zahlr. N.

25 Ähnlich wohl *Rehborn*, Das Patientenrechtegesetz, GesR 2013, 257 (261): Nebenpflicht aus dem Vertrag; vgl. ferner zum Umfang der Aufklärungspflichten *Rieger/Dahm/Katzenmeier/Steinhilper*, HK-AKM [49. Update 9/13], 640 Aufklärungspflicht, Rdnr. 11; siehe auch *Martis/Winkhart*, Arzthaftungsrecht, 4. Aufl. 2014, Stichwort: Aufklärung, Rdnrn. A 830 ff. Das Problem der richtigen Zuordnung von Informations- und Aufklärungspflichten ist sogar im Plenum des Bundestages zur Sprache gekommen, vgl. dazu etwa den derzeitigen Präsidenten der Ärztekammer Nordrhein und Bundestagsabgeordneten *Henke*, in: Plenarprotokoll 17/196 der 196. Sitzung des Deutschen Bundestages v. 28. September 2012, S. 23672.

26 Vgl. Beschlussempfehlung und Bericht des Gesundheitsausschusses, BT-Drucks. 17/11710, S. 38.

27 Vgl. BT-Drucks. 17/11710, S. 38; ebenso Jauernig-*Mansel*, BGB, 15. Aufl. 2014, § 630c, Rdnr. 7. Auch in der Rechtsprechung herrschte vor dem Inkrafttreten des Patientenrechtegesetzes die Auffassung, dass der Arzt grundsätzlich seinem Patienten gegenüber jedenfalls nicht treuwidrig handele, wenn er ein schuldhaftes Fehlverhalten leugne, soweit er dabei keine Tatsachen „verschweige oder verdrehe" (BGH, NJW 1984, 661 [662]; OLG Hamm, NJW 1985, 685 — das Zitat wurde an den Kontext des Satzes angepasst; das Original lautet: „…ohne die Tatsachen zu verschweigen oder zu verdrehen…"). Vgl. aber auch das Urteil des LG Aurich, Urt. v. 13.11.1981 – 2 O 718/80 –, juris, Rdnr. 17 (= VersR 1983, 46), wonach erst das Gutachten eines Instituts für Kunstfehler-Begutachtung die für den Lauf der Verjährungsfrist notwendige Kenntnis verschafft habe.

Diese Pflicht zur Mitteilung aus § 630c Abs. 2 S. 2 BGB schließt alle Umstände ein, *„die die Annahme eines Behandlungsfehlers begründen"*. Mit dieser einen gewissen Unsicherheitsgrad einkalkulierenden Formulierung hat der Gesetzgeber zum Ausdruck gebracht, dass es für das Bestehen der Informationspflicht aus § 630c Abs. 2 S. 2 BGB auch genügt, wenn der Behandlungsfehler nur eine mögliche Ursache für den erkannten Umstand bildet, ohne dass dies zugleich die wahrscheinlichste oder sogar gesicherte Ursache sein müsste.[28] Eine weitergehende Recherchepflicht[29] oder die Kennzeichnung des erkannten Umstandes als „Behandlungsfehler" erlegt der Gesetzgeber dem Behandelnden ausdrücklich nicht auf.[30] Dieser wird durch § 630c Abs. 2 S. 2 BGB also nicht in die Rolle eines Gutachters in eigener Sache gedrängt. Entdeckt der Behandelnde Umstände, die nach seiner Erkenntnis sowohl einen Behandlungsfehler als auch einen schicksalhaften Verlauf abbilden könnten, so ist er nicht zu einer Beurteilung dieser Frage, wohl aber nach § 630c Abs. 2 S. 2 BGB dazu verpflichtet, auch diese Umstände dem Patienten zu offenbaren.

Aus dem auf die Beseitigung von Informationsdisparitäten lautenden Zweck des § 630c Abs. 2 S. 2 BGB ergibt sich allerdings insofern eine Einschränkung, als der Patient einer Information über auf einen Behandlungsfehler hindeutende Umstände nicht bedarf, wenn jeder medizinische Laie ohne weiteres den Behandlungsfehler zu erkennen vermag. Als Beispiel für diese Restriktion kommt etwa die Operation der falschen Gliedmaße bzw. die Behandlung des offensichtlich falschen Organs in Betracht.

IV. Fazit zur Informationspflicht aus § 630c Abs. 2 S. 2 BGB

Zusammenfassend verpflichtet § 630c Abs. 2 S. 2 BGB den Behandelnden zur Mitteilung über Sachverhalte, die ihm als Anzeichen für Behandlungsfehler erkennbar sind, wobei es ausreicht, wenn der Behandlungsfehler nur eine mögliche Ursache für den Sachverhalt darstellt. Zudem erfordert der Normzweck des § 630c Abs. 2 S. 2 BGB die Herausnahme von Umständen aus dem Anwendungsbereich der Informationspflicht, die auch dem medi-

28 Vgl. auch *Rehborn*, Das Patientenrechtegesetz, GesR 2013, 257 (261), der zwar keine Sicherheit fordert, aber eine „gewiss[e] Wahrscheinlichkeit, dass es zu einem Behandlungsfehler gekommen ist".

29 Vgl. BR-Drucks. 312/12, S. 30, BT-Drucks. 17/10488, S. 21.

30 Vgl. BT-Drucks. 17/11710, S. 38 (Gesundheitsausschuss).

zinischen Laien ohne weiteres als Anzeichen eines Behandlungsfehlers erkennbar sind.

D. Das Beweisverwendungsverbot aus § 630c Abs. 2. S. 3 BGB

I. Voraussetzungen

Ist dem Behandelnden oder einem seiner in § 52 Abs. 1 StPO bezeichneten Angehörigen ein Behandlungsfehler unterlaufen, so darf die Information über einen Behandlungsfehler anzeigende Umstände zu Beweiszwecken in einem gegen den Behandelnden oder gegen seinen Angehörigen geführten Straf- oder Bußgeldverfahren gemäß § 630c Abs. 2 S. 3 BGB nur mit Zustimmung des Behandelnden verwendet werden. Satz 3 statuiert also kein uneingeschränktes Beweisverwendungsverbot, sondern ermöglicht die Beweisverwendung mit Zustimmung des Informationspflichtigen. Zustimmungsberechtigt ist der Behandelnde nach dem Wortlaut des § 630c Abs. 2 S. 2 BGB nicht nur in einem gegen ihn selbst, sondern auch in einem gegen seinen Angehörigen geführten Straf- oder Bußgeldverfahren. Soweit das Verfahren gegen den Angehörigen geführt wird, streitet zwar nicht der *nemo tenetur* – Grundsatz für das Verbot der Beweisverwendung, aber nach den Ausführungen des Gesundheitsausschusses wahrt das Beweisverwendungsverbot in diesen Fällen den Grundsatz des fairen Verfahrens durch den Schutz des Angehörigenverhältnisses.[31]

Nach dem ersten Halbsatz des § 630c Abs. 2 S. 3 BGB greift das Beweisverwendungsverbot außerdem nur unter der Voraussetzung ein, dass „*dem Behandelnden oder einem seiner in § 52 Abs. 1 StPO bezeichneten Angehörigen ein Behandlungsfehler unterlaufen*" ist. Die Frage, ob tatsächlich ein Behandlungsfehler vorliegt, wird jedoch im besten Falle am Ende des Verfahrens beantwortet werden, sodass es widersinnig wäre, das Beweisverwendungsverbot des § 630c Abs. 2 S. 3 BGB, das den Behandelnden vor unmittelbaren Nachteilen bewahren soll, die ihm „aus der Offenbarung eigener Fehler erwachsen können, die *gegebenenfalls* strafrechtlich oder auch aus der Sicht des Ordnungswidrigkeitenrechts relevant sein *können*"[32], davon abhängig zu machen. Sinnvollerweise kann man den ersten Halbsatz des § 630c Abs. 2 S. 3 BGB deshalb nur dahingehend verstehen, dass der „un-

31 Vgl. BT-Drucks. 17/11710, S. 38 (Gesundheitsausschuss).

32 BR-Drucks. 312/12, S. 30; BT-Drucks. 17/10488, S. 22 — Hervorhebungen nur hier.

terlaufene“ Behandlungsfehler den Gegenstand des gegen den Behandelnden bzw. seinen Angehörigen geführten Straf- oder Bußgeldverfahrens bezeichnet: Das Beweisverwendungsverbot des § 630c Abs. 2 S. 3 BGB erstreckt sich nur auf solche Straf- und Bußgeldverfahren, in denen dem Behandelnden (oder seinem Angehörigen) die *Begehung eines Behandlungsfehlers vorgeworfen* wird, gilt also nicht für Straf- und Bußgeldverfahren, die nicht an den Behandlungsfehlervorwurf anknüpfen.

II. Verbot der Verwendung als Beweismittel im Urteil bzw. Bußgeldbescheid

Gemäß § 630c Abs. 2 S. 3 BGB darf „die Information nach Satz 2“ nur *zu Beweiszwecken*[33] in einem gegen den Behandelnden oder gegen seinen Angehörigen geführten Straf- oder Bußgeldverfahren nicht ohne die Zustimmung des Behandelnden verwendet werden. Zu Beweiszwecken erfolgt die Verwendung dieser Information jedenfalls dann, wenn die nach Satz 2 gegenüber dem Patienten abgegebene Erklärung als Beweismittel im Urteil bzw. Bußgeldbescheid verwendet wird. Hinsichtlich dieser Erklärung statuiert § 630c Abs. 2 S. 3 BGB deshalb zumindest für die strafprozessuale Hauptverhandlung bzw. das ordnungswidrigkeitsrechtliche Bußgeldverfahren ein umfassendes Beweisverwertungsverbot.[34] Solange der Behandelnde seine Zustimmung zur Verwertung nicht erteilt, darf deshalb auch der Patient über die nach Satz 2 abgegebene Erklärung nicht als Zeuge in einem Strafverfahren vernommen werden, das gegen den Behandelnden oder seinen Angehörigen geführt wird und den Behandlungsfehler zum Gegenstand hat.[35] Ein auf eine solche Zeugenvernehmung gerichteter Beweisantrag wäre

33 Vgl. zur Bedeutung dieser Formulierung Systematischer Kommentar zur StPO-*Weßlau*, 4. Aufl. 2013, § 477, Rdnr. 27; Systematischer Kommentar zur StPO-*Wolter*, 4. Aufl. 2010, § 100d, Rdnrn. 35 ff.; *Dencker,* in: Festschr. f. Meyer-Goßner, 2001, S. 237 (249 ff.); *Rogall*, in: Festschr. f. Kohlmann, 2003, S. 465 (484) sowie im Kontext des § 161 StPO *Meyer-Goßner*, StPO, 56. Aufl. 2013, § 161, Rdnr. 18d; Karlsruher Kommentar zur StPO-*Griesbaum*, 7. Aufl. 2013, § 161, Rdnr. 35 f.

34 Vgl. zu den Wirkungen eines Beweisverwertungsverbotes *Meyer-Goßner*, StPO, 56. Aufl. 2013, Einl., Rdnr. 55.

35 Wie hier auch *Schelling/Warntjen*, Die Pflicht des Arztes zur Offenbarung von Behandlungsfehlern, MedR 2012, 506 (509).

nach § 244 Abs. 3 S. 1 StPO zwingend abzulehnen.[36] Aus dem Verbot der Verwertung als Beweismittel im Urteil ergibt sich ferner, dass bereits der nach § 203 StPO für die Anklageerhebung erforderliche hinreichende Tatverdacht nicht auf die nach Satz 2 abgegebene Erklärung gestützt werden darf, weil die für diesen Verdachtsgrad erforderliche überwiegende Verurteilungswahrscheinlichkeit[37] ohne im Urteil nicht verwertbare Beweismittel begründbar sein muss.[38]

III. Zulässigkeit der Verwendung als bloßer Ermittlungsansatz

Wenn das Gesetz die Verwendung einer Information explizit nur *zu Beweiszwecken* verbietet, so bringt es damit nach allgemeiner Auffassung zugleich zum Ausdruck, dass die Verwendung als bloßer Ermittlungsansatz zulässig sein soll.[39] Aus der im Wortlaut des § 630c Abs. 2 S. 3 BGB enthaltenen Beschränkung auf Beweiszwecke ergibt sich daher, dass eine Verwendung der „Information nach Satz 2" als bloßer Ermittlungsansatz nicht untersagt ist. Deshalb dürfen die Strafverfolgungsbehörden die nach § 630c Abs. 2 S. 2 BGB gegenüber dem Patienten abgegebene Erklärung jedenfalls insoweit als Informationsquelle für ihre Ermittlungen nutzen, als der für die Ermittlungen erforderliche Tatverdacht unabhängig von dieser Erklärung besteht.[40] Insbesondere sind sie nicht daran gehindert, den in der Erklärung bekundeten Sachverhalt auf andere Weise zu ermitteln. Hat z.B. ein Arzt seinen Patienten darüber informiert, dass die Ergebnisse der nach einer Operation durchgeführten Untersuchungen (z.B. Röntgenaufnahmen) auf ein fehlerhaftes Vorgehen bei der Operation hindeuten könnten, so darf die

36 Vgl. zur Unzulässigkeit der Beweiserhebung bei Vorliegen eines Beweisverwertungsverbots BGH, NJW 1995, 2933 (2935 f.); BGH, Urt. v. 29.4.2010 – 3 StR 63/10 –, juris, Rdnr. 10 = StRR 2010, 342 f.; Systematischer Kommentar zur StPO-*Frister*, 4. Aufl. 2011, § 244, Rdnr. 109, u.a. mit Hinweis auf §§ 30, 393 AO; vgl. auch *Meyer-Goßner*, StPO, 56. Aufl. 2013, § 244, Rdnr. 49.

37 Vgl. dazu nur BGH, Beschl. v. 19.1.2010 – StB 27/09 = BGHSt 54, 275 (281).

38 Zu dem Einfluss eines Beweisverwertungsverbots auf die Grundlagen des hinreichenden Tatverdachts nach § 203 StPO vgl. etwa AG Saalfeld, StV 2005, 320 f.; AG Rudolstadt, Beschl. v. 16.4.2007 – 630 Js 40575/06 – 2 Ds jug –, juris, Rdnr. 6 = VRS 113, 58 ff.; Karlsruher Kommentar zur StPO-*Schneider*, 7. Aufl. 2013, § 203, Rdnr. 7; *Meyer-Goßner*, StPO, 56. Aufl. 2013, § 203, Rdnr. 2.

39 Vgl. zur Bedeutung der Formulierung „zu Beweiszwecken" Systematischer Kommentar zur StPO-*Weßlau*, 4. Aufl. 2013, § 477, Rdnr. 27 m.w.N.

40 Vgl. zu dieser Einschränkung sogleich unter 4.

Staatsanwaltschaft dies zum Anlass nehmen, die betreffenden Untersuchungsergebnisse von einem Sachverständigen begutachten zu lassen.

Da die Zulassung einer anderweitigen Ermittlung des in der gegenüber dem Patienten abgegebenen Erklärung bekundeten Sachverhalts sinnlos wäre, wenn die durch diese Ermittlungen erlangten Beweise ihrerseits nicht verwertet werden dürften, ergibt sich aus dem Befund, dass die selbstbelastende Information als Ermittlungsansatz verwendet werden darf, zugleich die Lösung der sog. Fernwirkungsproblematik, d.h. die Antwort auf die Frage, ob die Verwertung von Beweismitteln zulässig ist, die aufgrund der selbst nicht zu Beweiszwecken verwendbaren Erklärung erlangt wurden. Eine solche Fernwirkung[41] wird von der Rechtsprechung bekanntlich nicht einmal für das an besonders gravierende Verstöße gegen die Selbstbelastungsfreiheit anknüpfende[42] Verwertungsverbot des § 136a Abs. 3 S. 2 StPO anerkannt.[43] Im Fall des § 630c Abs. 2 S. 3 BGB eine Fernwirkung anzunehmen, obschon das Gesetz die Verwendung der ärztlichen Auskunft als Ermittlungsansatz zulässt, wäre in jedem Fall widersprüchlich. Aus der Verwendbarkeit der selbstbelastenden Information als Ermittlungsansatz ergibt sich zwingend, dass auch Beweise verwertet werden dürfen, die sich aus zulässigen Ermittlungen ergeben, die an der „Information nach Satz 2" ansetzen.[44]

---

41 Zum Problem der Fernwirkung vgl. bereits *Peters*, Gutachten für den 46. DJT, 1966, S. 97 ff.; ferner *Jahn*, Gutachten zum 67. DJT 2008, C 91 ff. sowie *Ranft*, in: Festschr. f. Spendel, 1992, S. 719 (734 ff.). Im Regelfall erkennt die deutsche Rechtsprechung eine derartige Fernwirkung von Beweisverwertungsverboten nicht an, vgl. etwa BGHSt 34, 362 (364); BGH, NJW 2011, 1523 (1525); NJW 2006, 1361 (1363); zusammenfassend etwa *Beulke*, Hypothetische Kausalverläufe im Strafverfahren bei rechtswidrigem Vorgehen von Ermittlungsorganen, ZStW 103 (1991), 657 (667); *Jäger*, Beweiserhebungs- und Beweisverwertungsverbote als prozessuale Regelungsinstrumente im strafverfolgenden Rechtsstaat —Zugleich ein Beitrag zum 67. Deutschen Juristentag, GA 2008, 473 (493 ff.); vgl. ferner *Schlüchter*, Anmerkung zu BGH, Urt. v. 24.8.1983 – 3 StR 136/83, JR 1984, 517 (519).

42 Vgl. hierzu auch *Kölbel*, Selbstbelastungsfreiheiten — Der nemo-tenetur-Satz im materiellen Strafrecht, 2006, S. 29 ff.; Systematischer Kommentar zur StPO-*Rogall*, 4. Aufl. 2010, § 136a, Rdnr. 4.

43 BGH, NJW 1987, 2525 (2526); dazu ferner *Gössel*, Die Beweisverbote im Strafverfahrensrecht der Bundesrepublik Deutschland, GA 1991, 483 (510); *Otto*, Grenzen und Tragweite der Beweisverbote im Strafverfahren, GA 1970, 289 (293 f.).

44 Im Ergebnis ebenso, jedoch in allgemeiner Parallele zu der eine Fernwirkung ablehnenden Rechtsprechung (vgl. dazu die Nachweise in Fn. 41) *Schelling/Warntjen*, Die Pflicht des Arztes zur Offenbarung von Behandlungsfehlern, MedR 2012, 506 (509); vgl. auch *Jaeger*, Patientenrechtegesetz, 2013, Rdnr. 166 (= S. 73).

IV. Verbot der Verwendung zur Begründung des Tatverdachts (Vorwirkung)

Während der Wortlaut des § 630c Abs. 2 S. 3 BGB durch die Formulierung „zu Beweiszwecken“ klarstellt, dass die selbstbelastende Information gegen den Behandelnden zwar einerseits nicht zur Anklagebegründung, als Grundlage eines Beweisantrages oder als Urteilsgrundlage genutzt werden darf, andererseits aber als Ermittlungsansatz dienen kann und deshalb auch keine Fernwirkung entfaltet, ergibt sich weder aus dem Gesetzeswortlaut noch aus der Gesetzesbegründung[45] eine eindeutige Antwort auf die Frage, inwieweit das Verwendungsverbot des § 630c Abs. 2 S. 3 BGB Vorwirkungen entfaltet. Im Gegensatz zur Fernwirkung thematisiert der Begriff der Vor- oder Frühwirkung nicht die Verwertbarkeit durch das unverwertbare Beweismittel erlangter weiterer Beweise, sondern die Frage, ob das Verbot der Verwertung des Beweismittels selbst erst in der Hauptverhandlung greift oder bereits auf frühere Verfahrensstadien einwirkt[46], mit der Folge, dass ein in diesen Verfahrensstadien geforderter Tatverdacht ebenfalls nicht mit dem unverwertbaren Beweismittel begründet werden darf.

Wie bereits dargestellt ist eine solche Vorwirkung insoweit allgemein anerkannt, als jedenfalls der für die Anklageerhebung hinreichende Tatverdacht nicht auf unverwertbare Beweise gestützt werden darf.[47] Problematisch und umstritten ist jedoch, ob und inwieweit dies auch für den zur Rechtfertigung strafprozessualer Grundrechtseingriffe erforderlichen Verdacht sowie für den strafprozessualen Anfangsverdacht gilt. Jedenfalls in Bezug auf die Verwertung einer rechtswidrigen Telefonüberwachung hat der Bundesgerichtshof[48] im Jahr 2006 der Sache nach eine derartige Vorwirkung verneint, allerdings ohne die Problematik ausdrücklich zu erörtern, während der Deutsche Juristentag 2008 im Grundsatz eine differenzierende Lösung vorschlug: Ein unverwertbares Beweismittel sollte zwar einen Anfangsverdacht begründen können, nicht aber zur Begründung des erforderlichen Verdachts bei strafprozessualen Eingriffen verwendet werden dür-

45 Vgl. BR-Drucks. 312/12, S. 30; BT-Drucks. 17/10488, S. 21 f.

46 Vgl. *Jahn*, Gutachten zum 67. DJT 2008, C 84 f.; ferner *Meyer-Goßner*, StPO, 56. Aufl. 2013, Einl., Rdnr. 57e: „Frühwirkung“.

47 Vgl. dazu unter 2. a.E.

48 BGH, NJW 2006, 1361 (1362 f.).

fen.[49] Entsprechend dieser Differenzierung soll die Frage einer Vorwirkung des Beweisverwendungsverbots des § 630c Abs. 2 S. 3 BGB im Folgenden in zwei Schritten erörtert werden.

1. Verdachtsbegründung bei strafprozessualen Grundrechtseingriffen?

Vergleichsweise einfach zu begründen ist das Verbot der Verwendung zur Verdachtsbegründung bei strafprozessualen Grundrechtseingriffen. Denn nach der Gesetzesbegründung zum Patientenrechtegesetz soll das Beweisverwendungsverbot des § 630c Abs. 2 S. 3 BGB den Behandelnden vor unmittelbaren Nachteilen seiner Informationserteilung in einem Straf- oder Bußgeldverfahren bewahren.[50] Mit dieser Intention des Gesetzgebers wäre es evidentermaßen nicht zu vereinbaren, gegen den Behandelnden z.B. einen Haftbefehl gemäß § 112 StPO zu erlassen, weil sich aus seiner gegenüber dem Patienten abgegebenen Erklärung unmittelbar ein dringender Tatverdacht ergibt. Entsprechendes hat dann aber auch für andere strafprozessuale Grundrechtseingriffe zu gelten. Beschlagnahmen, Durchsuchungen und sonstige Eingriffe sind ebenfalls spürbare Nachteile, die der Behandelnde unmittelbar aufgrund seiner gegenüber dem Patienten abgegebenen Erklärung erleiden müsste, wenn diese zur Begründung des für diese Eingriffe erforderlichen Tatverdachts herangezogen werden dürfte.

Obwohl die Gesetzesbegründung auf die Problematik der Vorwirkung nicht explizit eingeht, ergibt sich deshalb bereits aus dem Schutzzweck des § 630c Abs. 2 S. 3 BGB, dass die als Beweismittel unverwertbare Erklärung nach Satz 2 auch nicht zur Begründung des für einen strafprozessualen Eingriff notwendigen Tatverdachts verwendet werden darf. Dies entspricht im Ergebnis nicht nur dem bereits erwähnten Vorschlag des Deutschen Juristentags, sondern auch insofern der zur generellen Reichweite von Beweisverwertungsverboten vertretenen überwiegenden Auffassung, als jedenfalls zu den strafprozessualen klassischen Grundrechtseingriffen wie dem Erlass eines Haftbefehls, der Anordnung einer Durchsuchung oder der Anordnung einer Beschlagnahme in der Kommentarliteratur und zum Teil auch in der Rechtsprechung ausgeführt wird, dass nicht gerichtsverwertbare Beweise

---

49 Vgl. die Beschlüsse des 67. DJT Erfurt 2008, S. 12 (abzurufen unter: http://www.djt.de/fileadmin/downloads/67/djt_67_beschluesse.pdf.).

50 BR-Drucks. 312/12, S. 30; BT-Drucks. 17/10488, S. 22.

derartige Maßnahmen auch nicht stützen dürften.[51] Dies wird auch für das dem § 630c Abs. 2 S. 3 BGB in vielerlei Hinsicht vergleichbare[52] Verwendungsverbot aus § 97 Abs. 1 S. 3 InsO so angenommen.[53]

In der Praxis dürfte der für einen strafprozessualen Grundrechtseingriff erforderliche Tatverdacht häufig sowohl mit der nicht verwertbaren Erklärung gegenüber dem Patienten als auch mit anderen Erkenntnissen begründet werden. In einem solchen Fall darf der Eingriff entsprechend den vorstehenden Überlegungen nur dann angeordnet werden, wenn die anderen Erkenntnisse für sich genommen bereits den notwendigen Verdachtsgrad begründen. Nimmt beispielsweise eine Anordnung der Durchsuchung (§§ 102, 105 StPO) oder eine Anordnung bzw. Bestätigung der Beschlagnahme von Beweismitteln (§§ 94, 98 StPO) auf die selbstbelastende Mitteilung des Behandelnden Bezug und stützt sie sich ferner auf die Angabe des Patienten über seine Eindrücke vom Behandlungsgeschehen, ohne dass letztere für sich genommen einen hinreichenden Anhaltspunkt für einen Behandlungsfehler gäben, so sind die betreffenden Maßnahmen ebenso unzulässig, wie allein auf die pflichtgemäß erteilten Angaben des Behandelnden gestützte Grundrechtseingriffe.

---

51 Vgl. zu § 94 StPO: Löwe-Rosenberg-*Menges*, StPO, 26. Aufl. 2014, § 94, Rdnr. 76; zusammenfassend Systematischer Kommentar zur StPO-*Wohlers*, 4. Aufl. 2010, § 97, Rdnrn. 48 ff.; siehe auch Systematischer Kommentar zur StPO-*Wohlers*, 4. Aufl. 2010, § 94, Rdnr. 33; zu § 102 StPO: Löwe-Rosenberg-*Tsambikakis*, StPO, 26. Aufl. 2014, § 102, Rdnr. 12; zu § 112 StPO: BGH, NStZ 1990, 348; Systematischer Kommentar zur StPO-*Paeffgen*, 4. Aufl. 2010, § 112, Rdnr. 8; Karlsruher Kommentar zur StPO-*Graf*, 7. Aufl. 2013, § 112, Rdnr. 8; Löwe-Rosenberg-*Hilger*, StPO, 26. Aufl. 2007, § 112, Rdnr. 21; BeckOK-StPO-*Krauß* (Stand: 28.1.2013), § 112, Rdnr. 6.

52 Zu dieser Vergleichbarkeit sogleich unter b) i.

53 LG Stuttgart, NStZ-RR 2001, 282 (283); *Gürtler*, in: Wabnitz/Janovsky, Hdb. Wirtschafts- und Steuerstrafrecht, 3. Aufl. 2007, Kapitel 23, Rdnr. 104; *Uhlenbruck*, in: ders., InsO, 13. Aufl. 2010, § 97, Rdnr. 12; MünchKomm-InsO-*Stephan*, 3. Aufl. 2013, § 97, Rdnr. 17; wohl auch *Bader*, Das Verwendungsverbot des § 97 I 3 InsO, NZI 2009, 416 (419); *Bittmann/Rudolph*, Das Verwendungsverbot gemäß § 97 Abs. 1 Satz 3 InsO, wistra 2001, 81 (83); *Hefendehl*, Beweisermittlungs- und Beweisverwertungsverbote bei Auskunfts- und Mitwirkungspflichten, wistra 2003, 1 (6).

2. Begründung des Anfangsverdachts?

Die eigentliche Problematik einer Vorwirkung des § 630c Abs. 2 S. 3 BGB besteht in der Frage, ob die gegenüber dem Patienten nach Absatz 2 Satz 2 der Vorschrift abzugebende Erklärung für die Begründung des strafprozessualen Anfangsverdachts gemäß § 152 Abs. 2 StPO (ggf. i.V.m. § 46 Abs. 1 OWiG) herangezogen werden darf. Der in den Gesetzesmaterialien genannte Schutzzweck des Verwendungsverbots, unmittelbare Nachteile der Informationserteilung für den Behandelnden auszuschließen[54], spricht durchaus für eine Vorwirkung des Satzes 3 auch auf die Schöpfung eines Anfangsverdachtes, denn auch die Einleitung eines Ermittlungsverfahrens stellt bereits einen unmittelbaren Nachteil für den Behandelnden dar. Bedenken gegen eine derartige Vorwirkung ergeben sich jedoch daraus, dass die durch den Wortlaut des Gesetzes explizit zugelassene Verwendung der Erklärung als Ermittlungsansatz zu weit eingeschränkt werden könnte, wenn eine solche Verwendung nur im Rahmen eines aufgrund anderweitiger Erkenntnisse eingeleiteten oder einzuleitenden Ermittlungsverfahrens zulässig ist.

In Anbetracht dieser widerstreitenden Argumente empfiehlt sich ein Blick auf andere, bereits eingeführte Verwendungsverbote, die auf ähnlichen Erwägungen wie § 630c Abs. 2 S. 3 BGB beruhen. Dies sind in erster Linie die Verwendungsverbote aus § 97 Abs. 1 S. 3 InsO und § 393 Abs. 2 AO. Die beiden Normen statuieren zur Wahrung des Prinzips der Selbstbelastungsfreiheit ein Beweisverwendungsverbot als Reaktion auf steuer- und insolvenzrechtliche Auskunftspflichten.[55] Besonders prominent ist § 97 Abs. 1 S. 3 InsO, der bekanntlich auf den sog. Gemeinschuldnerbeschluss[56] des BVerfG aus dem Jahr 1981 zurückgeht.[57] Gemäß § 97 Abs. 1 S. 1 InsO trifft den Insolvenzschuldner die Pflicht, dem Insolvenzgericht, dem Insolvenzverwalter, dem Gläubigerausschuss und auf Anordnung des Gerichts der Gläubigerversammlung über alle das Verfahren betreffenden Verhältnisse

---

54 BR-Drucks. 312/12, S. 30; BT-Drucks. 17/10488, S. 22.

55 Vgl. auch *Kölbel*, Selbstbelastungsfreiheiten — Der nemo-tenetur-Satz im materiellen Strafrecht, 2006, S. 69 ff., 76 ff.

56 Vgl. BVerfG, NJW 1981, 1431 (1433); dazu *Kölbel*, Selbstbelastungsfreiheiten — Der nemo-tenetur-Satz im materiellen Strafrecht, 2006, S. 69.

57 Die Regelung der Auskunftspflicht in § 97 InsO geht ihrerseits wiederum zurück auf die §§ 100 f. der Konkursordnung, vgl. dazu Andres/*Leithaus*, InsO, 2. Aufl. 2011, § 97, Rdnr. 1; ferner *Bader*, Das Verwendungsverbot des § 97 I 3 InsO, NZI 2009, 416 und LG Ulm, NJW 2007, 2056 (2057).

Auskunft zu geben. Diese Pflicht schließt nach § 97 Abs. 1 S. 2 InsO auch die Offenbarung von Tatsachen ein, die geeignet sind, eine Verfolgung wegen einer Straftat oder einer Ordnungswidrigkeit herbeizuführen und deshalb hat das BVerfG die Ergänzung der Auskunftspflicht durch ein „strafrechtliches Verwertungsverbot"[58] in Fällen der Selbstbelastung für erforderlich gehalten. Diese Vorgabe hat der Gesetzgeber durch die Regelung des § 97 Abs. 1 S. 3 InsO umgesetzt.[59]

Eine gleichlaufende Konstellation regelt § 393 Abs. 2 AO: Gemäß § 40 AO ist es für die Besteuerung unerheblich, ob ein Verhalten, das den Tatbestand eines Steuergesetzes ganz oder zum Teil erfüllt, gegen ein gesetzliches Gebot oder Verbot oder gegen die guten Sitten verstößt. Im Besteuerungsverfahren gerät der Steuerpflichtige deshalb mitunter in einen Konflikt zwischen seinen steuerrechtlichen Auskunftspflichten und seinem verfassungsrechtlich geschützten Interesse, nicht selbst zu seiner strafrechtlichen Überführung beitragen zu müssen.[60] Vor den Auswirkungen seiner Auskunftserteilung schützt den Steuerpflichtigen zunächst das in § 30 AO niedergelegte Steuergeheimnis.[61] Dieses greift zwar nicht umfänglich, sondern bietet Offenbarungsmöglichkeiten in § 30 Abs. 4 und 5 AO. Solche Tatsachen, die der Steuerpflichtige in Unkenntnis der Einleitung des Strafverfahrens oder des Bußgeldverfahrens offenbart hat, nimmt § 30 Abs. 4 Nr. 4 lit. a, 2. Hs. AO aber von den Offenbarungsmöglichkeiten aus. Für die unter den gleichen Umständen zur Kenntnis gelangten Tatsachen statuiert der Wortlaut des § 393 Abs. 2 AO ein Beweisverwendungsverbot.

Bei näherem Zusehen besteht allerdings zwischen den §§ 393 AO und 97 InsO einerseits und dem § 630c Abs. 2 S. 2 BGB andererseits insofern ein Unterschied, als die erstgenannten Normen an Beeinträchtigungen des *nemo tenetur* – Grundsatzes von höherer Intensität anknüpfen als § 630c Abs. 2 S. 3 BGB: Gemäß § 98 Abs. 2 Nrn. 2 und 3 InsO kann der Insolvenzschuldner erforderlichenfalls zwangsweise vorgeführt und in Haft genommen werden, wenn er sich weigert, seine möglicherweise zur Selbstbelastung füh-

58 BVerfG, NJW 1981, 1431 (1433).

59 Vgl. zur Anknüpfung an den Gemeinschuldnerbeschluss des BVerfG den Entwurf einer Insolvenzordnung, BT-Drucks. 12/2443, S. 142.

60 Vgl. hierzu BVerfG, Beschl. v. 27.4.2010 – 2 BvL 13/07 –, wistra 2010, 341 ff.

61 Vgl. wiederum BVerfG, Beschl. v. 27.4.2010 – 2 BvL 13/07 –, wistra 2010, 341 ff.

renden Pflichten aus § 97 Abs. 1 InsO zu erfüllen[62], und § 393 Abs. 1 S. 2 AO untersagt die Anwendung von Zwangsmitteln (§ 328 AO) zur Durchsetzung der steuerrechtlichen Auskunftspflichten nur insoweit, als der Steuerpflichtige dadurch gezwungen würde, sich selbst wegen einer von ihm begangenen Steuerstraftat oder Steuerordnungswidrigkeit zu belasten.[63] Demgegenüber ist die Informationspflicht aus § 630c Abs. 2 S. 2 BGB nicht unmittelbar mit Zwangsmitteln durchsetzbar. Zwar könnte der Patient auf Erfüllung der Informationspflicht klagen und sodann aus einem erlangten Titel nach § 888 ZPO die Verhängung eines Zwangsgeldes bzw. Zwangshaft gegen den Arzt beantragen[64], aber tatsächlich relevant erscheint allein der Verweis auf die Begründung eines Schadensersatzanspruches des Patienten gegen den informationspflichtigen Behandelnden. Folglich besteht im Fall des § 630c Abs. 2 S. 3 BGB eine geringere Eingriffsintensität in das Schweigerecht und das korrespondierende Prinzip der Selbstbelastungsfreiheit als in den Fällen der §§ 97 Abs. 1 S. 3 InsO, 393 Abs. 2 AO.

Dieser Unterschied zwischen §§ 97 Abs. 1 S. 3 InsO, 393 Abs. 2 AO einerseits und § 630c Abs. 2 S. 3 BGB andererseits wird jedoch wieder eingeebnet, wenn man die Umstände in den Blick nimmt, unter denen die Auskunftspflicht jeweils statuiert wird. Das BVerfG hat im Gemeinschuldnerbeschluss festgestellt, dass sich das Verhältnis zwischen Insolvenzschuldner und Insolvenzgläubiger auch dadurch auszeichne, dass die unterlassene Mitwirkung des Insolvenzschuldners regelmäßig nur zu Lasten der Gläubiger gehe und er ferner wichtigster Informationsträger im Insolvenzverfahren sei, von dessen Auskünften die ordnungsgemäße Abwicklung des Insolvenz-

62 Vgl. hierzu Andres/*Leithaus*, InsO, 2. Aufl. 2011, § 98, Rdnrn. 5 und 8; Braun-*Kroth*, InsO, 5. Aufl. 2012, § 98, Rdnrn. 6 ff.; MünchKomm-InsO-*Stephan*, 3. Aufl. 2013, § 98, Rdnrn. 15 ff.; *Uhlenbruck*, InsO, 13. Aufl. 2010, § 98, Rdnr. 12.

63 Nach der Rechtsprechung des BGH gilt das Zwangsmittelverbot auch dann, wenn eine Steuerstraftat und eine anderweitige Straftat in Tateinheit stehen und deshalb soll auch das Beweisverwendungsverbot aus § 393 Abs. 2 AO in einem solchen Fall nicht gelten, vgl. etwa BGH, NJW 2005, 2720 (2723). Das BVerfG hat diese Auslegung des § 393 Abs. 2 AO nicht beanstandet, vgl. BVerfG, NJW 2005, 352 f.

64 Man wird die Informationserteilung nach § 630c Abs. 2 S. 2 BGB als „unvertretbare Handlung" im Sinne des § 888 ZPO ansehen müssen, weil es für die Informationspflicht darauf ankommt, welche Umstände dem Behandelnden erkennbar sind, sodass sie nicht von Dritten erfüllt werden kann, und Auskunftspflichten auch ansonsten typischerweise über § 888 ZPO der Vollstreckung zugänglich sind, vgl. etwa dazu Musielak-*Lackmann*, ZPO, 10. Aufl. 2013, § 888, Rdnr. 5 m.w.N.

verfahrens und die Befriedigung der Gläubiger abhänge.[65] Vor diesem Hintergrund rechtfertigt sich die Anwendung von Zwangsmitteln auch zur Erlangung der Auskünfte nach § 97 InsO.[66] In Bezug auf § 393 Abs. 2 AO wird die Auslegung des Normanwendungsbereiches darauf gestützt, dass der Staat möglichst Kenntnis von allen legalen und illegalen Einkünften haben wolle, um sie besteuern zu können.[67] Insbesondere über illegale Einkünfte vermag aber in erster Linie nur der Steuerschuldner selbst zu berichten.

Eine vergleichbare Sachlage gibt es bei § 630c Abs. 2 S. 2 BGB nicht. Der Behandelnde ist nicht die einzig verfügbare Informationsquelle, sondern der Patient könnte ebenso auf andere Ärzte zurückgreifen, wenn er Informationen über Umstände begehrt, die die Annahme eines Behandlungsfehlers begründen, denn § 630c Abs. 2 S. 2 BGB gilt auch für fremde Behandlungsfehler.[68] Bei § 630c Abs. 2 S. 2 BGB wiegt folglich aus der Perspektive des *nemo tenetur* – Grundsatzes bereits die Statuierung der Selbstbelastungen umfassenden Informationspflicht schwer, weil sie nicht —wie etwa im Insolvenz- und Steuerrecht— die voraussichtlich einzig ergiebige Informationsquelle erschließt, sondern eben nur eine der in Betracht kommenden In-

65 BVerfG, NJW 1981, 1431 (1432); vgl. auch *Verrel*, Nemo tenetur – Rekonstruktion eines Verfahrensgrundsatzes – 1. Teil, NStZ 1997, 361.

66 Hinweis auf sachgerechte und effektive Durchführung des Insolvenzverfahrens auch bei *Uhlenbruck*, InsO, 13. Aufl. 2010, § 98, Rdnr. 1; vgl. ferner Nerlich/Römermann-*Wittkowski/Kruth*, InsO, 25. EL 2013 (Stand: August 2012), § 98, Rdnr. 2; Münch-Komm-InsO-*Stephan*, 3. Aufl. 2013, § 98, Rdnr. 1. Hinweis auf die Haftungsverwirklichung etwa bei *Vallender*, Rechtliche und tatsächliche Probleme bei der Abwicklung der Arztpraxis in der Insolvenz, NZI 2003, 530 (531).

67 Vgl. BGH, NJW 2005, 2720 (2723).

68 Vgl. BR-Drucks. 312/12, S. 30; BT-Drucks. 17/10488, S. 21. Diese Schlussfolgerung kollidiert nicht mit der Einordnung der Informationspflicht unter die „unvertretbaren Handlungen“ nach § 888 ZPO, denn es ist zwischen der Pflicht zur Selbstbelastung als Grundrechtseingriff und der allgemeinen Frage zu unterscheiden, ob der aktuell Behandelnde tatsächlich der Einzige ist, der Umstände benennen kann, die auf einen Behandlungsfehler hindeuten: Die ihm erkennbaren Umstände kann allein der aktuell Informationspflichtige offenbaren, während die Auskunft über Anzeichen für Behandlungsfehler an sich auch von Dritten erteilt werden kann.

formationsmöglichkeiten betrifft.[69] Somit kommt es für die Heranziehung der §§ 97 Abs. 1 S. 3 InsO, 393 Abs. 2 AO zur weiteren Auslegung unter dem Prinzip der Selbstbelastungsfreiheit nicht darauf an, dass die Pflichten aus § 630c Abs. 2 S. 2 BGB üblicherweise nicht zwangsweise durchgesetzt werden. Der Grundsatz der Selbstbelastungsfreiheit wird durch § 630c Abs. 2 S. 2 BGB bereits deswegen in wesentlichem Maße beeinträchtigt, weil der Informationsberechtigte nicht zwingend auf eine Selbstbelastung angewiesen ist.

Da somit trotz der skizzierten Unterschiede zumindest der Grundgedanke der Regelungen der §§ 97 Abs. 1 S. 3 InsO, 393 Abs. 2 AO mit dem der Regelung des § 630c Abs. 2 S. 3 BGB vergleichbar ist, können Erkenntnisse aus der Diskussion dieser Verwendungsverbote durchaus auf das Verbot des § 630c Abs. 2 S. 2 BGB übertragen werden. Die Hoffnung, damit die Frage, ob die gegenüber dem Patienten abzugebende Erklärung zur Begründung eines strafprozessualen Anfangsverdachts verwendet werden darf, einer allgemein anerkannten, dogmatisch abgesicherten Lösung zuführen zu können, erfüllt sich zwar insofern nicht, als die entsprechende Frage auch bei den Verwendungsverboten der §§ 97 Abs. 1 S. 3 InsO, 393 Abs. 2 AO keineswegs abschließend geklärt ist. Gleichwohl ist die Parallele insofern hilfreich, als die Frage der Geltung des Verwendungsverbots bei der Begründung eines Anfangsverdachts im Anschluss an eine Entscheidung des LG Stuttgart aus dem Jahr 2000[70] insbesondere für das Verbot des § 97 Abs. 1 S. 3 InsO in der Literatur recht intensiv diskutiert wird.

Das Landgericht Stuttgart hat in der genannten Entscheidung explizit festgestellt, dass die Staatsanwaltschaft in dem zu beurteilenden Fall „bei Einleitung des Ermittlungsverfahrens wegen Insolvenzverschleppung und Betrug gegen § 97 I InsO verstoßen [habe]“. Damit hat es vorausgesetzt, dass das Verwendungsverbot aus § 97 Abs. 1 S. 3 InsO auch der Begründung eines Anfangsverdachts entgegensteht. Die Entscheidung ist in der Literatur

---

69 Gleichwohl ist der aus § 630c Abs. 2 S. 2 BGB resultierende Eingriff in das Recht, sich selbst nicht zu belasten, mitunter aus anderen Gründen auch gravierender, als etwa im Steuerrecht: Während das BVerfG zu § 393 Abs. 2 AO noch festzustellen wusste, dass das Dilemma, entweder eine Selbstanzeige nach § 371 AO zu erstatten und Strafbares offenzulegen oder auf die Vorzüge des § 371 AO zu verzichten und Strafbares geheim zu halten, das allgemeine Persönlichkeitsrecht nicht berühre (vgl. BVerfG, NJW 2005, 352 [353]), gilt dies für den Behandelnden nicht, weil er insoweit keine Wahlmöglichkeit hat, die ihm einen Verzicht auf die Information des Patienten eröffnet.

70 LG Stuttgart, NStZ-RR 2001, 282 (283).

sowohl auf Zustimmung[71], als auch auf Kritik gestoßen.[72] Man hat ihr insbesondere entgegengehalten, dass der Gesetzgeber konsequenterweise bereits die Offenbarung der betreffenden Angaben durch Weitergabe der Insolvenzakten an die Staatsanwaltschaft untersagt hätte, wenn er dem Verwendungsverbot eine derartige Wirkung hätte beilegen wollen.[73] Diese Kritik vermag jedoch bereits insofern nicht zu überzeugen, als eine Trennung der nicht verwertbaren Angaben des Insolvenzschuldners von dem verwertbaren Inhalt der Insolvenzakten allenfalls mit unverhältnismäßigem Aufwand möglich wäre.[74] Außerdem würde ein Offenbarungsverbot nicht nur die Verwendung zur Begründung des Anfangsverdachts, sondern auch die in § 97 Abs. 1 S. 3 InsO allerdings – anders als in § 630c Abs. 2 S. 3 BGB –

---

71 Vgl. *Bittmann/Molkenbur*, Private Ermittlungen, arbeitsrechtliche Aussagepflicht und strafprozessuales Schweigerecht, wistra 2009, 373 (375), die davon ausgehen, dass § 97 Abs. 1 S. 3 InsO die Verdachtsschöpfung auf die erteilte Auskunft zu stützen verbietet; ebenso *Uhlenbruck*, Auskunfts- und Mitwirkungspflichten des Schuldners und seiner organschaftlichen Vertreter im Insolvenzverfahren, NZI 2002, 401 (405); *Uhlenbruck*, InsO, 13. Aufl. 2010, § 97, Rdnr. 12; wohl auch *Richter*, Anmerkung zu LG Stuttgart, Beschl. v. 21.7.2000 – 11 Qs 46/2000, wistra 2000, 440; *Weyand*, Wichtige Entscheidungen zum Insolvenzstrafrecht aus den Jahren 2011/2012, ZinsO 2012, 770: Angaben dürfen im Ermittlungsverfahren ohne Zustimmung nicht berücksichtigt werden; jedenfalls bei Verstoß der StA gegen den Verhältnismäßigkeitsgrundsatz durch Aufforderung der Übergabe offensichtlich nicht verwendbarer Informationen auch *Zipperer*, Private und behördliche Einsicht in Insolvenzakten – eine systematische Bestandsaufnahme, NZI 2002, 244 (249 f.); vgl. zu einem Vorschlag de lege ferenda *Hohnel*, Selbstbelastungsfreiheit in der Insolvenz, NZI 2005, 152 (154).

72 MünchKomm-InsO-*Stephan*, 3. Aufl. 2013, § 97, Rdnr. 17 mit Fn. 65; *Hefendehl*, Beweisermittlungs- und Beweisverwertungsverbote bei Auskunfts- und Mitwirkungspflichten, wistra 2003, 1 (6), der eine „Vorauswirkung" des § 97 Abs. 1 S. 3 InsO ablehnt; so wohl auch *Tetzlaff*, Unzugänglichmachung des Insolvenzeröffnungsgutachtens für die Staatsanwaltschaft?, NZI 2005, 316 ff.; *Bader*, Das Verwendungsverbot des § 97 I 3 InsO, NZI 2009, 416 (419); *Bittmann/Rudolph*, Das Verwendungsverbot gemäß § 97 Abs. 1 Satz 3 InsO, wistra 2001, 81 (85); vgl. auch *Gürtler*, in: Wabnitz/Janovsky, Hdb. Wirtschafts- und Steuerstrafrecht, 3. Aufl. 2007, Kapitel 23, Rdnr. 103.

73 MünchKomm-InsO-*Stephan*, 3. Aufl. 2013, § 97, Rdnr. 17.

74 Dies konzedieren auch die kritischen Stimmen, die von dem mangelnden Offenbarungsverbot auf die Möglichkeit der Schöpfung eines Anfangsverdachts schließen, vgl. wiederum MünchKomm-InsO-*Stephan*, 3. Aufl. 2013, § 97, Rdnr. 17 m.w.N. in dortiger Fn. 63.

nicht ausdrücklich zugelassene[75] Verwendung als bloßer Ermittlungsansatz ausschließen.

Vor allem aber spricht für die Auffassung des LG Stuttgart, dass das Verwendungsverbot des § 97 Abs. 1 S. 3 InsO die Funktion hat, für die Verfassungsmäßigkeit der Auskunftspflicht des Insolvenzschuldners Sorge zu tragen. Die in dieser Auskunftspflicht liegende Durchbrechung der Selbstbelastungsfreiheit ist nach der Rechtsprechung des Bundesverfassungsgerichts[76] nur insoweit verfassungsgemäß, als durch ein strafprozessuales Verwendungsverbot sichergestellt ist, dass sich diese Durchbrechung allein auf das insolvenzrechtliche Auskunftsinteresse bezieht.[77] Die strafprozessuale Stellung des Insolvenzschuldners darf durch die erzwungene Auskunft nicht verschlechtert werden. Dies gilt nicht nur innerhalb eines strafprozessualen Ermittlungsverfahrens,[78] sondern auch hinsichtlich der Frage, ob ein solches Ermittlungsverfahren eingeleitet wird. Da bereits die Einleitung eines Strafverfahrens über den insolvenzrechtlichen Zweck der Auskunftspflicht hinausgeht, darf der Insolvenzschuldner auch insoweit durch die erzwungene Auskunft nicht unmittelbar belastet werden, so dass seine Auskunft schon von Verfassung wegen zur Begründung eines Anfangsverdachts ebenso wenig verwendet werden darf wie zur Begründung einer strafrechtlichen Verurteilung oder des für einen strafprozessualen Grundrechtseingriff notwendigen Tatverdachts.

---

75 § 97 Abs. 1 S. 3 InsO enthält keine Beschränkung des Verwendungsverbots auf Beweiszwecke. Dementsprechend wird hier verbreitet sogar die Verwendung als bloßer Ermittlungsansatz als unzulässig angesehen; vgl. LG Stuttgart NStZ-RR 2001, 282 f.; LG Potsdam, Beschl. v. 24.4.2007 – 27 Ns 23/06, BeckRS 2009, 05070, beide m.w.N.

76 Vgl. bereits BVerfG, NJW 1981, 1431 (1433).

77 Vgl. dazu treffend MünchKomm-InsO-*Stephan*, 3. Aufl. 2013, § 97, Rdnr. 16: „Die Auskunftspflicht darf nur so weit gehen, wie der Zweck des Insolvenzverfahrens dies erfordert. […] Eine strafrechtliche oder ordnungswidrigkeitenrechtliche Verfolgung geht über diesen insolvenzrechtlichen Zweck hinaus.“

78 Vgl. dazu LG Mannheim, Beschl. v. 18.7.2007 – 22 Qs 7/06 –, juris, Rdnr. 17, das zu Recht feststellt, dass „eine gegen den Willen des Auskunftspflichtigen erfolgende Verwertung [meldepflichtiger] Angaben im Rahmen eines strafrechtlichen Ermittlungsverfahrens mit dem nemo-tenetur-Grundsatz unvereinbar“ wäre; ebenso MünchKomm-InsO-*Stephan*, 3. Aufl. 2013, § 97, Rdnr. 16: „Die insolvenzrechtliche Auskunftspflicht darf deshalb die Rechtsstellung des Schuldners oder ihm Nahestehender in einem etwaigen strafrechtlichen oder ordnungswidrigkeitsrechtlichen Ermittlungsverfahren nicht verschlechtern.“.

Nicht nur die Regelung des § 393 Abs. 2 AO, sondern auch das hier thematisierte Verwendungsverbot des § 630c Abs. 2 S. 3 BGB hat —wie gezeigt— im Prinzip die gleiche Struktur wie die Regelung des § 97 Abs. 1 S. 3 InsO, sodass die für dieses Verbot dargestellte verfassungsrechtliche Argumentation hier in entsprechender Weise gilt. Weil die in der Informationspflicht des § 630c Abs. 2 S. 2 BGB liegende Durchbrechung der Selbstbelastungsfreiheit nur insoweit verfassungsgemäß ist, als ein strafprozessuales Verwendungsverbot sicherstellt, dass sich diese Durchbrechung allein auf das Interesse des Patienten an der Wahrung seiner Gesundheit bzw. seiner Informationsinteressen bezieht, darf die durch diese Verpflichtung erzwungene Erklärung die strafprozessuale Stellung des Behandelnden auch hinsichtlich der Entscheidung über die Einleitung eines strafrechtlichen Ermittlungsverfahrens nicht unmittelbar verschlechtern. Die verfassungsrechtlich fundierte Parallele zu § 97 Abs. 1 S. 3 InsO bestätigt deshalb das schon eingangs aus dem vom Gesetzgeber angeführten Schutzzweck des § 630c Abs. 2 S. 3 BGB abgeleitete Ergebnis, dass die durch Satz 2 der Vorschrift erzwungene Erklärung des Behandelnden nicht zur Begründung eines strafprozessualen Anfangsverdachts verwendet werden darf.

Das eingangs dargestellte Bedenken, dass durch eine solche Anwendung des Verwendungsverbots die in § 630c Abs. 2 S. 3 BGB explizit zugelassene Verwendung dieser Erklärung als Ermittlungsansatz zu weit eingeschränkt würde, muss gegenüber den verfassungsrechtlichen Erwägungen zurücktreten. Im Übrigen greift dieses Bedenken aber auch deshalb nicht durch, weil sich gerade durch die Anwendung des Verwendungsverbots auf die Beurteilung des Vorliegens eines Anfangsverdachts eine klare und systematisch einleuchtende Abgrenzung zwischen der verbotenen Verwendung zu Beweiszwecken und der zulässigen Verwendung als bloßer Ermittlungsansatz ergibt. Die Verwendung eines Beweismittels als bloßer Ermittlungsansatz erweitert nicht die rechtlichen, sondern lediglich die tatsächlichen Möglichkeiten der Strafverfolgungsorgane, d. h. sie verschafft diesen Organen Informationen für Ermittlungsmaßnahmen, die sie ohne diese Informationen vornehmen dürften. Sobald ein Beweismittel dazu verwendet wird, Ermittlungsmaßnahmen der Strafverfolgungsorgane rechtlich zu legitimieren, d.h. insbesondere den für die betreffenden Ermittlungen notwendigen Tatverdacht zu begründen, liegt eine unzulässige Verwendung zu Beweiszwecken vor.

Im Ergebnis ist somit festzuhalten, dass dem Verwendungsverbot des § 630c Abs. 2 S. 3 BGB für das gesamte Strafverfahren eine Vorwirkung zukommt, also nicht nur ein für strafprozessuale Grundrechtseingriffe notwendiger Tatverdacht, sondern auch der für die Einleitung des Ermittlungsverfahrens erforderliche Anfangsverdacht nicht aus einer in Erfüllung der Verpflichtung aus § 630c Abs. 2 S. 2 BGB abgegebenen Erklärung abgeleitet werden darf. Staatsanwaltschaft und Polizei dürfen damit nur Ermittlungen aufnehmen, wenn sich aus anderen Beweismitteln, etwa den Angaben eines Patienten zum Ablauf oder zu außergewöhnlichen Beschwerden nach einer Behandlung, ein Anfangsverdacht ergibt. Stellt sich im weiteren Verlauf des Verfahrens heraus, dass diese anderen Beweismittel doch keinen Verdacht begründen, so darf das Ermittlungsverfahren aufgrund einer nach § 630c Abs. 2 S. 2 BGB abgegeben Erklärung auch nicht fortgeführt, sondern muss in Ermangelung eines rechtlich verwertbaren Tatverdachts nach § 170 Abs. 2 S. 1 StPO eingestellt werden.

3. *Verwertung von unter Missachtung der Vorwirkung erlangten Beweisen*

Die Verwertbarkeit von Beweisen, die unter Missachtung der dargelegten Vorwirkung des Beweisverwendungsverbots des § 630c Abs. 2 S. 3 BGB erlangt wurden, beurteilt sich nach den für die Verwertung rechtswidrig erlangter Erkenntnisse im Strafverfahren auch ansonsten geltenden Regeln. Wurde z.B. der für die Durchsuchung einer Wohnung gemäß § 102 StPO notwendige Tatverdacht zu Unrecht aus einer Erklärung nach § 630c Abs. 2 S. 2 BGB abgeleitet, so hängt die Verwertbarkeit bei dieser Durchsuchung gefundener Beweismittel von der grundsätzlichen Frage ab, ob und inwieweit mittels einer rechtswidrigen Durchsuchung erlangte Beweismittel im Strafverfahren verwertet werden dürfen.[79] Zumindest bei einer objektiv willkürlichen Missachtung der Vorwirkung dürfen damit die mittels der Durchsuchung erlangten Beweismittel nach den Maßstäben der Rechtsprechung[80] nicht verwertet werden. Das Verwertungsverbot ist in diesem Fall eine unmittelbare Folge der (objektiv willkürlichen) Verletzung des § 102 StPO und steht deshalb nicht in Widerspruch zu der oben getroffenen Feststellung, dass das Beweisverwendungsverbot des § 630c Abs. 2 S. 3 BGB wegen der Beschränkung auf Beweiszwecke grundsätzlich keine Fernwirkung hat.

---

79 Vgl. zu dieser Frage Systematischer Kommentar zur StPO-*Wohlers*, 4. Aufl. 2012, § 105, Rdnr. 79 m. zahlr. N.

80 Grundlegend BGHSt 51, 285 (289 f.).

V. Pflicht zur qualifizierten Belehrung (Fortwirkung)

Nachdem herausgestellt wurde, dass § 630c Abs. 2 S. 3 BGB zwar Vorwirkung, jedoch keine Fernwirkung zeitigt, ist das Beweisverwendungsverbot schließlich noch unter dem Gesichtspunkt der „Fortwirkung" zu erörtern. Mit diesem Begriff soll veranschaulicht werden, dass eine unzulässige Beweisgewinnung —beispielsweise eine unter Verstoß gegen § 136a StPO gewonnene Aussage— insoweit präsent bleibt, als eine erneute Beweisgewinnung ohne spezifische Aufklärungsmaßnahmen vonseiten der Ermittlungsbehörde wiederum unter dem Eindruck des ersten Verfahrensverstoßes erfolgt.[81] Diese Konstellation ist insbesondere unter dem Stichpunkt der „qualifizierten Belehrung" bekannt. Eine ausdrückliche Regelung hinsichtlich dieser Frage für den Fall der Selbstbelastung des Behandelnden findet sich in § 630c Abs. 2 BGB nicht. Bekanntlich ist in der Rechtsprechung des Bundesgerichtshofs die Notwendigkeit einer derartigen qualifizierten Belehrung jedenfalls für Fälle anerkannt, in denen eine frühere Aussage auf rechtswidrige Weise erlangt wurde und deshalb nicht verwertbar ist.[82]

Diese Konstellation trifft auf den Fall des § 630c Abs. 2 S. 2 BGB zwar nicht unmittelbar zu, denn das Verwendungsverbot des § 630c Abs. 2 S. 3 BGB knüpft nicht an ein rechtswidriges Vorgehen der Strafverfolgungsorgane. Jedoch ist die Aussagefreiheit des Behandelnden bei einer Vernehmung nach Informationserteilung beeinträchtigt, weil er nach der Offenbarung der „Information nach Satz 2" in besonderem Maße unter dem Eindruck steht, dass er sich ohnehin bereits selbst belastet habe. Aus diesem Grund lässt sich die Rechtsprechung zur qualifizierten Belehrung des Beschuldigten auf die Konstellation des § 630c Abs. 2 S. 3 BGB übertragen. Danach ist der Behandelnde für den Fall seiner Vernehmung nicht nur über sein Schweigerecht nach § 136 Abs. 1 S. 2 StPO, sondern auch über den Umstand zu belehren, dass die von ihm offenbarte „Information nach Satz 2" nicht verwertet werden darf. Wird die Pflicht zur qualifizierten Belehrung des Behandelnden verletzt, so begründet dieser Umstand allerdings nach der Rechtsprechung des Bundesgerichtshofes kein generelles Beweisverwertungsver-

---

81 Vgl. BGH, NStZ 2007, 714 (716); *Meyer-Goßner*, StPO, 56. Aufl. 2013, Einl., Rdnr. 57a; *Schünemann*, Die Belehrungspflichten der §§ 243 IV, 136 n. F. StPO und der BGH, MDR 1969, 101 (102 f.).

82 Vgl. dazu BGH, NStZ 2009, 702 (703) m.w.N.

bot. Vielmehr entscheidet eine Interessenabwägung im Einzelfall über die Verwertbarkeit der insoweit erlangten Beweise.[83]

VI. Fazit zum Beweisverwendungsverbot nach § 630c Abs. 2 S. 3 BGB

Weil sich der Behandelnde durch die Erfüllung der Verpflichtung aus § 630c Abs. 2 S. 2 BGB selbst belasten kann, sieht § 630c Abs. 2 S. 3 BGB zum Schutz der verfassungsrechtlichen Selbstbelastungsfreiheit das Verbot vor, seine Erklärung in Straf- und Bußgeldverfahren zu verwenden. Dieses Verbot ist allerdings auf Verfahren beschränkt, die den Behandlungsfehlervorwurf zum Gegenstand haben, und verbietet lediglich die Verwendung zu Beweiszwecken, so dass eine Verwendung als Ermittlungsansatz zulässig ist und dem Verbot damit auch keine Fernwirkung zukommt. Jedoch liegt eine unzulässige Verwendung zu Beweiszwecken bereits vor, wenn die Information dazu verwendet wird, einen für das Vorgehen der Strafverfolgungsorgane notwendigen Tatverdacht zu begründen. Deshalb zeitigt das Beweisverwendungsverbot aus § 630c Abs. 2 S. 3 BGB insofern Vorwirkungen, als weder der für einen strafprozessualen Eingriff notwendige Tatverdacht noch der für die Einleitung eines Ermittlungsverfahrens erforderliche Anfangsverdacht auf die nicht verwendbare Information gestützt werden darf. Unter Missachtung dieser Vorwirkung erlangte Beweismittel können aufgrund ihrer rechtswidrigen Herkunft nach allgemeinen Grundsätzen unverwertbar sein. Schließlich ist § 630c Abs. 2 S. 3 BGB eine Fortwirkung beizumessen: Soweit der Behandelnde im Nachgang der Informationserteilung eine Aussage nach § 136 StPO machen soll, ist er über die Unverwertbarkeit der von ihm mitgeteilten Information zu belehren. Unterbleibt diese Belehrung, so entscheidet eine Interessenabwägung darüber, ob die Aussage gleichwohl verwertbar ist.

E. Stationäre Behandlung und ärztliche Kooperationsformen

Nachdem der Anwendungsbereich der Informationspflicht gemäß § 630c Abs. 2 S. 2 BGB und die Wirkungen des Beweisverwendungsverbotes aus § 630c Abs. 2 S. 3 BGB zunächst anhand des Grundfalles einer Behandlung

83 BGH, NJW 2009, 1427 (1428).

durch den Einzelarzt erörtert wurden, verlangt eine den Behandlungsalltag abbildende Untersuchung der „Fehleraufklärung“ auch den Fokus auf Mehrpersonenkonstellationen. So ist aus den aktuellen Statistiken des Medizinischen Dienstes der Krankenkassen ersichtlich, dass rund zwei Drittel aller Behandlungsfehlervorwürfe auf die stationäre Patientenversorgung entfallen[84] und damit einen Bereich betreffen, der gerade durch das Zusammenwirken von Ärzten geprägt ist. Aber auch die ambulante ärztliche Versorgung fußt freilich in erheblichem Maße auf ärztlichen Kooperationsformen, sodass eine Behandlung der Mehrpersonenfälle in Bezug auf das Beweisverwendungsverbot aus § 630c Abs. 2 S. 3 BGB angezeigt erscheint. Diese kann auf den Erkenntnissen aufbauen, die aus der Erörterung von Informationspflicht und Verwertungsverbot für den Fall der Behandlung durch den Einzelarzt gewonnenen wurden, und nach Versorgungsbereichen und Organisationsformen gegliedert werden.

Aus dem Bereich der ambulanten Behandlung sind die Praxis- und Berufsausübungsgemeinschaften sowie das Medizinische Versorgungszentrum in den Blick zu nehmen. Ferner gilt die Aufmerksamkeit den unterschiedlichen Behandlungsbeziehungen aus dem Bereich der stationären Patientenversorgung. Obschon sich eine direkte Unterscheidung nach Organisationsformen in diesem Abschnitt anbietet, trägt zunächst ein vorangestellter Überblick zu den Adressaten der Informationspflicht und den Benefiziaren des Beweisverwertungsverbotes in Mehrpersonenkonstellationen zur Übersichtlichkeit bei. Bevor das Augenmerk also im Einzelnen auf die angesprochenen Formen ärztlicher Kooperation gerichtet werden kann, ist zu klären, wie sich das Verhältnis der Sätze 2 und 3 aus § 630c Abs. 2 BGB, mithin die Relation von Informationspflicht zu Beweisverwertungsverbot in Mehrpersonenfällen gestaltet.

I. Der Begriff des Behandelnden in § 630c Abs. 2 BGB

§ 630c Abs. 2 S. 2 BGB adressiert die Pflicht zur Information über Umstände, die die Annahme eines Behandlungsfehlers begründen, an den „Behandelnden“. Dieser wird in § 630a Abs. 1 BGB definiert als derjenige, „welcher die medizinische Behandlung eines Patienten zusagt“. Behandelt ein Arzt

84 Vgl. Behandlungsfehler-Begutachtung der MDK-Gemeinschaft, Jahresstatistik 2012, S. 7 (abzurufen unter http://www.mds-ev.de/4181.htm).

im Krankenhaus seinen Patienten fehlerhaft, so trifft nach dem formalen Behandelndenbegriff des § 630a Abs. 1 BGB die Pflicht aus § 630c Abs. 2 S. 2 BGB beispielsweise die Trägergesellschaft des entsprechenden Krankenhauses, mit der der Krankenhausvertrag abgeschlossen wurde (Beispielsfall des sog. „totalen Krankenhausvertrages“ ohne Zusatzvereinbarungen[85]). Ein Krankenhausarzt, der „seinen Patienten“ auf eine entsprechende Nachfrage über Umstände informiert, die die Annahme eines Behandlungsfehlers begründen, genösse danach nicht den Schutz des Beweisverwertungsverbotes aus § 630c Abs. 2 S. 3 BGB, weil das Tatbestandsmerkmal des „gegen *ihn* geführten Strafverfahrens“ nicht erfüllt wäre: Das Akkusativpronomen bezieht sich auf den „Behandelnden“, also nach der formalen Definition des § 630a Abs. 1 BGB nicht auf den Arzt, sondern die Trägergesellschaft des Krankenhauses als Partner des Behandlungsvertrages.

Ein solches Ergebnis erscheint schon deshalb fragwürdig, weil die Trägergesellschaft als Verband sich nach deutschem Strafrecht gar nicht strafbar machen kann[86] und das Beweisverwertungsverbot aus § 630c Abs. 2 S. 3 BGB damit in dem genannten Beispiel nur in Bezug auf ein mögliches Bußgeld gegenüber dem Verband, etwa nach § 30 OWiG Relevanz hätte. Aber auch wenn der Vertragspartner eine natürliche Person ist, können ähnliche Probleme entstehen.[87] So wäre es etwa mit dem Zweck des § 630c Abs. 2 S. 3 BGB schwerlich vereinbar, einem Arzt, der eine Behandlung als Angestellter oder Vertreter eines anderen Arztes durchführt, den Schutz des Verwendungsverbots zu verweigern. Vor diesem Hintergrund gilt es zunächst zu prüfen, ob ein materieller Begriff des „Behandelnden“, der ein Auseinanderfallen von Informationspflicht und Strafbarkeitsrisiko in Mehrpersonenkonstellationen verhindern könnte, der Systematik des § 630c Abs. 2 und dem Willen des Gesetzgebers besser entspricht.

Anstelle der formalen Anknüpfung an die Begrifflichkeit des § 630a Abs. 1 BGB könnte man den Begriff des „Behandelnden“ in § 630c Abs. 2 S. 2 BGB in einem materiellen Sinne so auslegen, dass der tatsächlich die Behandlung durchführende Arzt zur Information über Umstände, die die Annahme eines Behandlungsfehlers begründen, verpflichtet ist, und damit das gesetzgeberisch intendierte Gleichgewicht von möglicher Selbstbelastung und Beweisverwertungsverbot wiederherstellen. Eine solch materielle

---

85 Vgl. dazu ausführlich unten E. III. 1).

86 Vgl. dazu *Frister*, Strafrecht AT, 6. Aufl. 2013, Kapitel 3, Rdnrn. 13 ff.

87 Vgl. *Ratajczak*, Die Zahnarzthaftung nach dem Patientenrechtegesetz, 2013, S. 29.

Interpretation des Behandelndenbegriffs würde die skizzierte Schwierigkeit dadurch lösen, dass sie das Auseinanderfallen von Selbstbelastung und Strafbarkeitsrisiko in den beschriebenen Konstellationen, in denen entweder ein schuldunfähiger Verband oder eine natürliche, aber nicht konkret behandelnde Person Vertragspartner des Patienten wird, generell vermeidet, und erscheint darüber hinaus auch insofern naheliegend, als die Informationspflicht aus § 630c Abs. 2 S. 2 BGB nach den Formulierungen in den Gesetzesmaterialien eine gewisse „Augenhöhe" zwischen Arzt und Patient[88] und nicht zwischen einer Klinikleitung bzw. Geschäftsführung und dem Patienten herstellen soll.

Gleichwohl stehen einer derartigen Lösung gewichtige Argumente gegenüber. So ist schon nicht ersichtlich, dass der Gesetzgeber des Patientenrechtegesetzes den Begriff des Behandelnden in § 630c Abs. 2 S. 2 BGB in Abkehr von der Legaldefinition des § 630a Abs. 1 BGB verstanden wissen wollte. Obwohl in der Begründung des § 630a BGB die grundsätzliche Möglichkeit eines Auseinanderfallens bei Zusage und Durchführung der Behandlung explizit erwähnt wird,[89] hat der Gesetzgeber sich nicht veranlasst gesehen, den Begriff des Behandelnden für § 630c Abs. 2 BGB gesondert zu bestimmen. Vor allem aber würde eine materielle Interpretation des Behandelndenbegriffs in § 630c Abs. 2 S. 2 BGB einen Widerspruch mit § 630c Abs. 2 S. 1 BGB produzieren. Denn in der Gefahrenabwendungsvariante stellt die Informationspflicht aus Satz 2 lediglich einen auf Teilaspekte der Behandlung bezogenen Spezialfall der Aufklärungs- und Informationspflicht aus Satz 1 dar (vgl. oben III. 2.), die als vertragliche Pflicht unzweifelhaft den Partner des Behandlungsvertrags trifft. Damit zerfiele innerhalb eines Absatzes derselben Norm und in Bezug auf ein und dieselbe Pflicht die zentrale Begrifflichkeit des „Behandelnden" in zwei Bedeutungsgehalte. Daher ist eine Lösung des Zusammenspiels der Sätze 2 und 3 aus § 630c Abs. 2 BGB in Mehrpersonenkonstellationen vermittels einer materiellen Interpretation des Behandelndenbegriffs im Ergebnis nicht überzeugend.

Fällt damit der materielle Auslegungsansatz fort, so ist der formale Behandelndenbegriff aus § 630a Abs. 1 BGB auch in Mehrpersonenkonstellationen der Auslegung des § 630c Abs. 2 BGB zugrunde zu legen. In dieser Lesart knüpft die Informationspflicht aus § 630c Abs. 2 S. 2 BGB allein an die Eigenschaft als Partner des Behandlungsvertrages an, sodass ein Aus-

88 Vgl. BT-Drucks. 17/10488, S. 1, 39 und 41 f.; BR-Drucks. 312/12, S. 1, 9; ferner *Jaeger*, Patientenrechtegesetz, 2013, Rdnr. 3 (= S. 2).

89 Vgl. BT-Drucks. 17/10488, S. 18; BR-Drucks. 312/12, S. 25.

einanderfallen von Informationspflicht und Strafbarkeitsrisiko nicht generell zu vermeiden ist, sondern die sich aus diesem Auseinanderfallen ergebenden Probleme für die verschiedenen Fallkonstellationen durch eine der Selbstbelastungsfreiheit hinreichend Rechnung tragende Interpretation des § 630c Abs. 2 S. 3 BGB gelöst werden müssen. Vor dem Hintergrund des Befundes, dass die Auslegung der Informationspflicht gemäß § 630c Abs. 2 S. 2 BGB keine durchgängige Zusammenführung von Informationspflicht und Beweisverwertungsverbot erlaubt, ist nunmehr der Anwendungsbereich des § 630c Abs. 2 S. 3 BGB in Bezug auf Formen der ärztlichen Kooperation und die stationäre Patientenversorgung näher zu beleuchten.

II. Der Anwendungsbereich des § 630c Abs. 2 S. 3 BGB bei ärztlichen Kooperationen

Die ambulante Patientenbehandlung findet neben der klassischen Einzelpraxis in zahlreichen Formen ärztlicher Kooperation statt.[90] Da der personelle Anwendungsbereich des Beweisverwertungsverbotes aus § 630c Abs. 2 S. 3 BGB über die „Information nach Satz 2“ an den Kreis der nach § 630c Abs. 2 S. 2 BGB informationspflichtigen Behandelnden anknüpft, bemisst sich die Reichweite des Beweisverwertungsverbotes zunächst nach den vertraglichen Beziehungen einer ärztlichen Kooperationsform zu dem Patienten. Ohne dass alle Formen der in der Praxis auftretenden Gestaltungsmöglichkeiten Erwähnung finden könnten, werden im Folgenden Praxis- und Berufsausübungsgemeinschaften als kontrastierende Einrichtungen untersucht.

---

90 Aus berufsrechtlicher Sicht vgl. etwa *Scholz*, in: Spickhoff, Medizinrecht, 1. Aufl. 2011, § 18 MBO, Rdnrn. 1 ff.; aus Sicht des Vertragsarztrechtes *Steinhilper*, in: Laufs/Kern, Hdb. d. Arztrechts, 4. Aufl. 2010, § 31, Rdnrn. 1 ff.; ferner den dortigen Beitrag von *Krauskopf/Clemens*, aaO., § 29, Rdnrn. 20 ff.

1. Praxisgemeinschaften

Die Partner einer Praxisgemeinschaft nutzen regelmäßig allein die Räumlichkeiten, Einrichtungen und ggf. das Personal gemeinsam[91], im Übrigen jedoch unterhalten sie allein zu den von ihnen selbst behandelten Patienten vertragliche Beziehungen.[92] Mithin richtet sich auch der Anwendungsbereich des § 630c Abs. 2 S. 2 und 3 BGB nach den für die Behandlung durch den Einzelarzt dargelegten Grundsätzen. Ebenso ist für sog. Apparategemeinschaften zu entscheiden, die mit ihrer Ausrichtung auf die gemeinsame Nutzung von Gerätschaften lediglich eine Unterkategorie der Praxisgemeinschaften darstellen.[93]

2. Berufsausübungsgemeinschaften

In Berufsausübungsgemeinschaften bestehen gegenüber den Praxis- und Apparategemeinschaften weitergehende Verflechtungen: Schließen sich mehrere Ärzte (des gleichen Fachgebiets[94]) zu einer Gemeinschaftspraxis iSd. § 33 Abs. 2 S. 1 Ärzte-ZV zusammen, indem sie über die gemeinsame Nutzung der Räume und Einrichtung die gemeinschaftliche Behandlung von Patienten vereinbaren[95], so kommt über § 164 BGB regelmäßig auch der

---

91 Vgl. OLG München, Beschl. v. 30.1.2006 – 1 U 5128/05 –, juris, Rdnr. 8; *Jaeger*, Patientenrechtegesetz, 2013, Rdnr. 33 (= S. 19).

92 Vgl. OLG München, Beschl. v. 30.1.2006 – 1 U 5128/05 –, juris, Rdnr. 8; *Ratzel*, in: Spickhoff, Medizinrecht, 1. Aufl. 2011, § 705 BGB, Rdnrn. 13 f.; *Bäune*, in: AG Medizinrecht im DAV (Hrsg.), Festschr. 10 Jahre AG Medizinrecht, 2008, S. 139 (142 f.); zur Praxisgemeinschaft auch *Terbille*, in: Ders./Clausen/Schroeder-Printzen (Hrsg.), Münchener AnwHdb. Medizinrecht, 2. Aufl. 2013, § 1, Rdnr. 87.

93 Vgl. *Ratzel*, in: Spickhoff, Medizinrecht, 1. Aufl. 2011, § 705 BGB, Rdnr. 13; *Steinhilper*, in: Laufs/Kern, Hdb. d. Arztrechts, 4. Aufl. 2010, § 31, Rdnr. 44.

94 In der Literatur finden sich auch Stellungnahmen, wonach bei fachübergreifenden Berufsausübungsgemeinschaften jenes Mitglied die Behandlung schulde, in dessen Fachgebiet die indizierte Behandlung falle, vgl. *Wollersheim*, in: Plagemann, Münchener AnwHdb. Sozialrecht, 4. Aufl. 2013, § 20, Rdnr. 20; in dieser Richtung auch OLG Hamm, Urteil vom 14. September 2009 – 3 U 9/08 –, juris, Rdnr. 72. Folgt man dieser Überlegung, so wird allein der die Behandlung schuldende (Fach-)Arzt zur Information nach § 630c Abs. 2 S. 2 BGB verpflichtet.

95 Vgl. BSG, NZS 2006, 544 (546).

Behandlungsvertrag mit allen Partnern der Gemeinschaftspraxis zustande[96], jedenfalls soweit die Berufsausübungsgemeinschaft etwa in Form einer GbR geführt wird.[97] Die Partner haften folglich als „Behandelnde" jeweils für die Information des Patienten nach § 630c Abs. 2 S. 2 BGB. Erteilt einer der in einer Gemeinschaftspraxis tätigen Ärzte die „Information nach Satz 2", so schützt ihn das Beweisverwertungsverbot aus § 630c Abs. 2 S. 3 BGB im Straf- oder Bußgeldverfahren vor den Folgen einer möglichen Selbstbelastung. Informiert er den Patienten jedoch über Umstände, die einen Behandlungsfehler seines Kooperationspartners anzeigen, so greift das Beweisverwertungsverbot nicht ein, da es insoweit allein die unfreiwillige Selbstbelastung erfasst. Sind dem Partner einer Gemeinschaftspraxis jedoch Umstände erkennbar, die sowohl eigene Behandlungsfehler als auch solche des Kooperationspartners anzeigen, so führte die strenge Differenzierung zwischen Fremd- und Selbstbelastung dazu, dass der Informierende hinsichtlich der eigenen Fehler in den Genuss des Beweisverwertungsverbotes käme, während der Kooperationspartner mit unmittelbaren strafrechtlichen Nachteilen zu rechnen hätte.

Diese Folge erscheint problematisch, weil es in dieser Konstellation letztlich vom Zufall abhängig ist, welcher Partner einer Gemeinschaftspraxis den Patienten zuerst informiert und damit das Beweisverwertungsverbot zu eigenen Gunsten aktiviert — ein klassisches Gefangenendilemma. Zur Überwindung dieses Problems von den Partnern der Gemeinschaftspraxis zu verlangen, dass sie sich die erteilten Auskünfte stets ausdrücklich wechselseitig zu eigen machen, wird dem Charakter einer Gemeinschaftspraxis nicht gerecht: Der Patient begibt sich nach der Konzeption des Gesetzgebers („Augenhöhe") vertrauensvoll und mündig in die Behandlung durch die Ärzte der Gemeinschaftspraxis, sodass sie sich ihm gegenüber auch in der Informationserteilung als Einheit präsentiert. Da es nicht Zweck der Informationspflicht aus § 630c Abs. 2 S. 2 BGB sein kann, das intendierte vertrau-

---

96 BGH, NJW 2006, 437 (438); OLG Hamm, Urt. v. 14.9.2009 – 3 U 9/08 –, juris, Rdnr. 72; *Jaeger*, Patientenrechtegesetz, 2013, Rdnr. 34 (= S. 19 f.); *Kern*, in: Laufs/Kern, Hdb. d. Arztrechts, 4. Aufl. 2010, § 39, Rdnr. 6; *Geiß/Greiner*, in: Dies. (Hrsg.). Arzthaftpflichtrecht, 7. Aufl. 2014, Kapitel A, Rdnr. 15.

97 Bei Partnerschaftsgesellschaften ist ggf. § 8 Abs. 2 PartGG zu beachten, wonach nur die mit der „Bearbeitung eines Auftrags" befassten Partner der Haftung unterliegen. Hier kommt es auf die Umstände des Einzelfalls an, ob das Behandlungsverhältnis allein mit dem befassten Partner oder auch mit anderen Mitgliedern der Partnerschaftsgesellschaft besteht, vgl. dazu *Bäune*, in: AG Medizinrecht im DAV (Hrsg.), Festschr. 10 Jahre AG Medizinrecht, 2008, S. 139 (143 f.).

ensvolle Verhältnis zwischen Ärzten und Patienten im Fall einer Gemeinschaftspraxis durch die latente Sorge um die vorgreifende Informationserteilung des Kooperationspartners zu beeinträchtigen —mithin den Patientenkontakt wieder zu separieren—, liegt es nahe, alle Ärzte in den Anwendungsbereich des § 630c Abs. 2 S. 3 BGB einzubeziehen, die von einer Selbstbelastung eines Partners dergestalt betroffen sind, dass anhand der entsprechenden Mitteilung zugleich die Annahme eines eigenen Behandlungsfehlers abzuleiten ist.

III. Anwendungsbereich des § 630c Abs. 2 S. 3 BGB bei stationärer Patientenversorgung

Die Vertragsverhältnisse im Bereich der stationären Patientenversorgung richten sich auch unter der Geltung des Patientenrechtegesetzes an den bereits bekannten Vertragstypen aus[98]: Entweder schließt der Patient mit der Trägergesellschaft des Krankenhauses einen Vertrag, der auch die Behandlung einschließt (sog. „totaler Krankenhausvertrag"), oder er geht ein individuelles Behandlungsvertragsverhältnis mit einem Arzt ein, während die allgemeinen Krankenhausleistungen einem ergänzenden Vertrag mit der Trägergesellschaft des Krankenhauses vorbehalten sind (sog. „gespaltener Arzt-Krankenhaus-Vertrag"). Schließlich kann der Patient auch einen umfänglichen Vertrag mit dem Krankenhaus einschließlich der Behandlung eingehen und zusätzlich einen weiteren Vertrag mit einem Arzt über die Behandlung abschließen (sog. „totaler Krankenhausvertrag mit Arztzusatzvertrag).

1. Der „totale Krankenhausvertrag"

Soweit die Trägerin des Krankenhauses nach § 630a Abs. 1 BGB die Leistung der Behandlung schuldet, ist sie auch zur Erteilung der Information nach § 630c Abs. 2 S. 2 BGB verpflichtet und scheint damit allein den Schutz des Beweisverwertungsverbotes aus § 630c Abs. 2 S. 3 BGB zu genießen. Anders könnte die Reichweite des Beweisverwertungsverbotes jedoch beurteilt werden, wenn die „Information nach Satz 2" unter verpflichtender

---

98 Vgl. BT-Drucks. 17/10488, S. 18; BR-Drucks. 312/12, S. 25.

Mitwirkung des fehlerhaft behandelnden Arztes erteilt wird. Nach arbeitsrechtlichen Grundsätzen ist anerkannt, dass für Arbeitnehmer eine Nebenpflicht aus dem Arbeitsvertrag dahingehend besteht, ihrem Arbeitgeber Auskünfte zu erteilen, soweit dieser ein berechtigtes, billigenswertes und schutzwürdiges Interesse an der Beantwortung der Frage hat.[99] Jedenfalls bei der Weigerung des Arbeitnehmers, die Einsicht in staatsanwaltschaftliche Ermittlungsakten zu ermöglichen, verletzt er diese Nebenpflicht aber nicht.[100] Auch eine Pflicht zur Selbstbelastung des Arbeitnehmers gegenüber dem Arbeitgeber hat das BAG 2008 ausdrücklich verneint.[101] Folglich besteht über arbeitsvertragliche Nebenpflichten nach der Rechtsprechung des BAG kein mittelbarer Zwang für den konkret behandelnden Arzt, im Innenverhältnis zu seinem Arbeitgeber an der Informationserteilung sub specie § 630c Abs. 2 S. 2 BGB mitzuwirken, wenn er sich dadurch selbst belastet. Überträgt man diesen Befund auf die hiesige Fallkonstellation, so ergibt sich zusammenfassend durch § 630c Abs. 2 S. 2 und 3 BGB für den Bereich des sog. „totalen Krankenhausvertrages", dass der konkret behandelnde Arzt mangels Pflicht zur Selbstbelastung nicht in den Anwendungsbereich des Beweisverwertungsverbotes aus Satz 3 fällt.

2. Der „gespaltene Arzt-Krankenhaus-Vertrag"

Schließt der Patient einen sog. „gespaltenen Arzt-Krankenhaus-Vertrag", so verpflichtet sich der behandelnde Arzt zur Leistung der Behandlung, während die Trägergesellschaft des Krankenhauses die Leistung der Pflege und Erbringung anderer Leistungen zusagt.[102] „Behandelnder" ist in dieser Konstellation allein der konkret behandelnde Arzt, sodass er im Falle der Selbstbelastung in den Genuss des Beweisverwertungsverbotes aus § 630c Abs. 2 S. 3 BGB gelangt und für diesen insoweit die Auslegungsergebnisse aus dem

---

99 BAG, NZA 1996, 637 (638); *Dann/Schmidt*, Im Würgegriff der SEC? – Mitarbeiterbefragungen und die Selbstbelastungsfreiheit, NJW 2009, 1851 (1853).

100 BAG, NJW 2009, 1897 (1898) m. Anm. *Dann/Schmidt*, Im Würgegriff der SEC? – Mitarbeiterbefragungen und die Selbstbelastungsfreiheit, NJW 2009, 1851 ff.

101 BAG, NJW 2009, 1897 (1898). Anders hat etwa das LAG Hamm (Landesarbeitsgericht Hamm (Westfalen), Urt. v. 3.3.2009 – 14 Sa 1689/08 –, juris, Rdnr. 32) 2009 für einen Verstoß gegen § 60 HGB entschieden, dabei jedoch für ein etwaiges Strafverfahren ein Verwertungsverbot in Bezug genommen.

102 Vgl. BGH, NJW 2003, 1596 (1596 f.); *Katzenmeier*, in: Laufs/Katzenmeier/Lipp, Arztrecht, 6. Aufl. 2009, Kapitel XI, Rdnr. 11.

Bereich der Behandlung durch einen Einzelarzt maßgeblich sind. Die Behandelndeneigenschaft trifft hingegen nicht auf „das Krankenhaus“ zu, denn nach der Gesetzesbegründung sollen über § 630a Abs. 1 BGB allein Verträge erfasst werden, die eine medizinische Behandlung zum Gegenstand haben.[103] Folglich gestaltet sich der Anwendungsbereich des § 630c Abs. 2 S. 2 und 3 BGB insbesondere in Belegarztfällen nach den Regeln für die Behandlung durch den Einzelarzt.

Zu beachten ist, dass nach der Rechtsprechung auch die Fortsetzung einer (in den entschiedenen Fällen geburtshilflichen) zunächst ambulanten Behandlung im Rahmen einer stationären Belegarzttätigkeit dazu führt, dass der in einer Gemeinschaftspraxis mit dem konkret behandelnden Belegarzt im Übrigen ambulant tätige Partner weiterhin Vertragspartner des Patienten bleibt.[104] Mithin ist er formal ebenso Adressat der Informationspflicht aus § 630c Abs. 2 S. 2 BGB, sodass bei Offenbarung ihn betreffender Fehleranzeigen das Beweisverwertungsverbot nach den für die Gemeinschaftspraxis herausgestellten Grundsätzen auch für den Partner des behandelnden Belegarztes gilt.

3. Der „totale Krankenhausvertrag mit Arztzusatzvertrag“

Schließlich kann der Patient sowohl mit der Trägergesellschaft des Krankenhauses als auch mit einem Einzelarzt jeweils einen Vertrag über die medizinische Behandlung schließen. In diesem Fall sagen mithin „das Krankenhaus“ und der Einzelarzt die Behandlung zu, sodass beide den Behandelndenbegriff des § 630a Abs. 1 BGB erfüllen. Üblich ist diese Vorgehensweise etwa bei der Inanspruchnahme von Wahlleistungen.[105] In dieser Konstellation stellt sich —nicht zuletzt aufgrund einer möglichen gesamtschuldnerischen Haftung der Krankenhausgesellschaft und des (Wahl-)Arztes gegenüber dem Patienten[106]— mithin wiederum das Problem, ob es sich auf

103 Vgl. BT-Drucks. 17/10488, S. 17, BR-Drucks. 312/12, S. 24.

104 Vgl. BGH, NJW 2000, 2737 (2741); OLG Hamm, Urt. v. 14.9.2009 – 3 U 9/08 –, juris, Rdnr. 72.

105 Vgl. OLG Braunschweig, Urt. v. 25.9.2013 – 1 U 24/12 –, juris, Rdnrn. 32 ff.; OLG Oldenburg, Urt. v. 14.12.2011 – 5 U 183/11 –, juris, Rdnr. 25; *Bacher*, in: Geigel, Haftpflichtprozess, 26. Aufl. 2011, Kapitel 28, Rdnrn. 140 ff.; *Rehborn*, in: Huster, Krankenhausrecht, 1. Aufl. 2010, § 12, Rdnr. 97.

106 Vgl. dazu Staudinger-*Looschelders*, BGB, Neubearbeitung 2012, § 427, Rdnrn. 76 f. m.w.N.

die Reichweite des Beweisverwertungsverbotes auswirkt, dass es bei der Offenbarung von Umständen, die sowohl ein eigenes als auch ein Fehlverhalten des anderen „Behandelnden" offenbaren, letztlich nur eine Frage des Zufalls darstellt, welcher „Behandelnde" den Patienten zuerst informiert.

Folglich böte sich hier die Übernahme der bereits zur Gemeinschaftspraxis vorgeschlagenen Lösung an, alle „Behandelnden" in den Anwendungsbereich des § 630c Abs. 2 S. 3 BGB einzubeziehen, soweit durch die Informationserteilung eines Vertragspartners zugleich unweigerlich Fehlverhalten des anderen offenbart wird. Obwohl der strafrechtlich schuldunfähige Verband nach § 30 OWiG sanktioniert werden kann, stellt sich auch hier das Problem, dass vor allem der ein Strafbarkeitsrisiko tragende Wahlarzt gehalten wäre, als erster eine Selbstbelastung vorzunehmen, um den Schutz des § 630c Abs. 2 S. 3 BGB für sich rekrutieren zu können. Dies liefe dem Interesse des Patienten, der sich durch die Zusatzvereinbarung einen weiteren Schuldner für die Behandlungsleistung verschafft[107], an der möglichst vertrauensvollen Kooperation beider Behandlungsschuldner zuwider. Im Ergebnis erstreckt sich deshalb das Beweisverwertungsverbot aus § 630c Abs. 2 S. 3 BGB im Fall des sog. „totalen Krankenhausvertrages mit Arztzusatzvereinbarung" auch auf eine Informationsmitteilung durch den jeweils anderen „Behandelnden" (Krankenhausgesellschaft oder bspw. Wahlarzt), weil andernfalls ein Wettlauf um die Informationserteilung provoziert werden könnte, der dem Patienteninteresse an einer vertrauensvollen Behandlungsbeziehung zuwiderliefe und einen in § 630c Abs. 2 S. 2 BGB angesiedelten faktischen Zwang zur raschen Selbstbelastung beinhaltete.

IV. Medizinische Versorgungszentren (MVZ)

Nachdem Lösungsvorschläge für die Anwendung des § 630c Abs. 2 S. 2 und 3 BGB im Bereich der ambulanten Ärztekooperation und der stationären Patientenversorgung vorgetragen wurden, ist abschließend der Blick auf das MVZ zu richten. Der Behandlungsvertrag kommt nach allgemeiner Auffassung regelmäßig mit der Trägergesellschaft des MVZ zustande[108], die folg-

---

107 Vgl. dazu BGH, NJW-RR 2006, 811 (812); NJW 1985, 2189 (2190); *Genzel/Degener-Hencke*, in: Laufs/Kern, Hdb. d. Arztrechts, 4. Aufl. 2010, § 89, Rdnrn. 14 ff.

108 *Steinhilper*, in: Laufs/Kern, Hdb. d. Arztrechts, 4. Aufl. 2010, § 31, Rdnr. 35; *Clausen*, in: Terbille/Clausen/Schroeder-Printzen, Münchener AnwHdb. Medizinrecht, 2. Aufl. 2013, § 7, Rdnr. 36.

lich auch die Behandelndeneigenschaft erwirbt. Zur Information über Umstände, die die Annahme eines Behandlungsfehlers begründen, ist nach § 630c Abs. 2 S. 2 BGB mithin grundsätzlich die Trägergesellschaft verpflichtet. Wird das MVZ in der Form einer GmbH geführt (§ 95 Abs. 1a S. 1 Hs. 2 SGB V), so gestaltet sich die Anwendung des § 630c Abs. 2 S. 3 BGB daher nach den Grundsätzen des totalen Krankenhausvertrages, wonach allein die Gesellschaft —freilich auf Bußgeldverfahren beschränkt— von dem Beweisverwertungsverbot profitiert. Wird das MVZ jedoch von einer GbR getragen, deren Gesellschafter zugelassene Ärzte sind, so treffen diese über § 164 BGB wiederum die Pflichten aus § 630c Abs. 2 S. 2 BGB, sodass eine Parallele zur einfachen Berufsausübungsgemeinschaft nahe liegt (vgl. oben E. II. 2.). Danach gilt das Beweisverwertungsverbot in einer „MVZ-GbR" für alle Ärzte, die von der als Selbstbelastung offenbarten „Information nach Satz 2" belastet werden.

V. Fazit zu § 630c Abs. 2 S. 3 BGB in Mehrpersonenfällen

Die vorstehende Betrachtung hat aufgezeigt, dass auch im Rahmen einer Mehrpersonenkonstellation der formale Behandelndenbegriff des § 630a Abs. 1 BGB gilt. Dieser Befund kann ein personelles Auseinanderfallen von Strafbarkeitsrisiko und Informationszuständigkeit zur Folge haben, sodass für die Formen gemeinschaftlicher Berufsausübung der Anwendungsbereich des § 630c Abs. 2 S. 3 BGB jedenfalls in Fällen, in denen eine selbstbelastende Informationserteilung auch weitere „Behandelnde" betrifft, auf alle von der Information betroffenen Ärzte zu erstrecken ist. Im Bereich der stationären Patientenversorgung und bei MVZ ist je nach Vertragstyp oder Organisationsform zu differenzieren.

Gutachten in Strafverfahren wegen Tötungs- und Körperverletzungsdelikten – Brennpunkte und Ansätze für die Verteidigung

*RA Harald Wostry**

A. Einleitung

Im Arztstrafverfahren hat der medizinische Sachverständige zweifelsohne eine herausgehobene Stellung inne, weil sein Gutachten für den Ausgang des Verfahrens von besonderer Bedeutung ist. Gutachterliche Einschätzungen entscheiden beispielsweise darüber, ob eine Behandlungsmaßnahme den Stand der medizinischen Wissenschaft genügend beachtet hat; ob ein schwerkranker Patient zu behandeln oder jede weitere Maßnahme bereits aussichtslos war; ob ein Beschuldigter verhandlungsfähig ist usf. Der folgende Beitrag knüpft an diesen Befund an und schreitet aus Verteidigersicht einige aktuelle Brennpunkte ab, die insoweit bei der Strafverteidigung im Arztstrafverfahren relevant werden können. Aus der Entscheidung für die Betrachtung einiger Brennpunkte folgt zugleich, dass nicht alle Konfliktlagen in den Blick genommen werden, die sich im Verhältnis von Sachverständigem zu anderen Verfahrensbeteiligten ergeben können. Aus diesem Grund erläutert der hiesige Beitrag zunächst einen zentralen Konfliktpunkt, der sich aus einer möglichen Überlagerung der Tätigkeitsfelder des Sachverständigen und des gesetzlichen Richters ergibt (sub B. u. C.). Sodann werden einige Handlungsmöglichkeiten und Gefahren für die Verteidigung in den einzelnen Verfahrensabschnitten (sub D.) sowie die revisionsgerichtliche Kontrolle von Sachverständigengutachten thematisiert (sub E.).

---

* Rechtsanwalt *Harald Wostry* ist Fachanwalt für Strafrecht und Fachanwalt für Medizinrecht sowie Partner der medizinrechtlichen Kanzlei Ratajczak & Partner, Berlin Essen Freiburg Jena Meißen München Sindelfingen. Der Beitrag ist eine um die Vortragsform bereinigte und durch Nachweise ergänzte Fassung des Tagungsvortrages.

B. Der Richter und sein Gutachter

Der Sachverständige ist ein Beweismittel, dessen Mitwirkung an der Sachverhaltsaufklärung sich im Umfeld des Strafprozesses nach den §§ 72 ff. StPO richtet. § 72 StPO verweist in der Grundlinie auf den 6. Abschnitt über Zeugen (§§ 48 ff. StPO) und reiht den Sachverständigen damit bei den persönlichen Beweismitteln[1] ein, dessen Ausführungen der freien Beweiswürdigung des Gerichts nach § 261 StPO unterliegen.[2] Selbst wenn er einen Sachverständigen zu Rate zieht, muss der erkennende Richter also „den Weg zur Wahrheitsfindung konsequenterweise auch selbst beschreiten".[3] Aus dieser vorläufigen Einordnung wird jedoch nicht ersichtlich, dass der medizinische Sachverständige im Arztstrafverfahren aufgrund seiner umfangreichen Spezialkenntnisse zuweilen dennoch Gefahr läuft, zu Fragen Stellung zu nehmen, die eigentlich in den Bereich der richterlichen Entscheidungskompetenz fallen.[4] Diese Gefahr hat der Bundesgerichtshof früh erkannt und sich etwa in einer Entscheidung aus dem 8. Band der amtlichen Sammlung mit der Rolle des Sachverständigen im Allgemeinen befasst, indem er dessen unterschiedliche verfahrensrechtliche Aufgaben herausstellte und mit jenen des Richters kontrastierte: „…Je weniger sich der Richter auf die bloße Autorität des Sachverständigen verläßt, je mehr er den Sachverständigen nötigt, ihn – den Richter – über allgemeine Erfahrungen zu belehren und mit möglichst gemeinverständlichen Gründen zu überzeugen, desto vollkommener erfüllen beide ihre verfahrensrechtliche Aufgabe…".[5] Je weiter folglich die inhaltliche und auf die Wissensvermittlung gemünzte Transferleistung vom Sachverständigen zum Richter geht, desto eher können beide ihrer strafprozessualen Stellung gerecht werden.

---

1 Vgl. dazu Karlsruher Kommentar zur StPO-*Senge*, 7. Aufl. 2013, Vorbem. zu §§ 72 ff., Rdnr. 1.

2 Vgl. BGH, Urt. v. 25.10.2012 – 4 StR 170/12, NStZ-RR 2013, 52 f.; BGH, Beschl. v. 25.04. 2006 – 1 StR 579/05, NStZ-RR 2006, 242 (243); ferner BGH, Urt. v. 24.6.2004 – 5 StR 306/03, NJW 2004, 3051 (3055).

3 *Geppert*, in: Festgabe f. Ulrich v. Lübtow, 1980, S. 773 (778).

4 Ausführlich zu Rollenüberschneidungen auch *Geppert*, in: Festgabe f. Ulrich v. Lübtow, 1980, S. 773 ff.; *Arbab-Zadeh*, Des Richters eigene Sachkunde und das Gutachterproblem im Strafprozess, NJW 1970, 1214 ff.; vgl. ferner *Olzen*, Das Verhältnis von Richtern und Sachverständigen im Zivilprozeß unter besonderer Berücksichtigung des Grundsatzes der freien Beweiswürdigung, ZZP 93 (1980), 66 ff.; *Eisenberg*, Zur Ablehnung des Sachverständigen im Strafverfahren wegen Besorgnis der Befangenheit, NStZ 2006, 368 (369).

5 BGH, Urt. v. 26.4.1955 – 5 StR 86/55, NJW 1955, 1642 (1643).

I. Der Wandel der Sachverständigenstellung

Ein Blick in die Historie belegt, dass die Trennung zwischen richterlichem und sachverständigem Aufgabenbereich in früheren Zeiten nicht zum prozessualen Allgemeingut rechnete. Dem Sachverständigen kam mitunter eine richterähnliche Rolle zu, wobei teilweise im gemeinrechtlichen Strafprozess und den Partikularrechten des 19. Jahrhunderts dem Sachverständigengutachten sogar Bindungswirkung für das Gericht zugesprochen wurde.[6] Erachtete man damals den „Gehilfen des Richters“[7] als jemanden, der dem Gericht also teilweise die Entscheidung abnahm, so versteht man heute darunter das genaue Gegenteil: Der Sachverständige ist heutzutage freilich nicht selbst Richter, sondern lediglich Informationsquelle für den Richter und folglich ein Hilfsmittel für die richterliche Wahrheitsfindung.[8] Der Richter hat somit bei der Beurteilung des Sachverständigengutachtens eigenverantwortlich zu entscheiden, inwieweit er sich den Ausführungen des Gutachters anschließen will.[9] Dass der Sachverständige trotz seiner Einordnung unter die persönlichen Beweismittel und der Anordnung des § 72 StPO keineswegs eine dem Zeugen gleichende Rolle einnimmt, belegt jedoch schon die Vorschrift des § 74 StPO zur Ablehnung eines Sachverständigen.[10] Eine vergleichbare Regelung findet sich für den Zeugen nicht.

---

6 Ausführliche Darstellung der historischen Entwicklung bei *Olzen*, Das Verhältnis von Richtern und Sachverständigen im Zivilprozeß unter besonderer Berücksichtigung des Grundsatzes der freien Beweiswürdigung, ZZP 93 (1980), 66 (74 ff.) m. zahlr. Nachw.

7 So die übliche Verortung des Sachverständigen in der Rechtsprechung: BGH, Urt. v. 24.6.1952 – 1 StR 130/52 = BGHSt 3, 27 (28); BGH, Beschl. v. 14.5.1975 – 3 StR 113/75, juris, Rdnr. 8; BGH, Beschl. v. 19.8.1993 – 4 StR 627/92, NJW 1993, 3081 (3082); BGH, Beschl. v. 18.8.1999 – 1 StR 186/99 –, insoweit in NStZ 1999, 632 nicht abgedruckt; Hanseatisches Oberlandesgericht Hamburg, Beschl. v. 17.2.1999 – 2a Ws 47/99 –, juris, Rdnr. 11. Diese Formulierung findet sich auch im Zivilrecht: vgl. etwa OLG Düsseldorf, Beschl. v. 31.5.2001 – 10 WF 10/01 –, juris, Rdnr. 24; OLG Koblenz, Beschl. v. 8.12.1999 – 10 W 788/99 –, juris, Rdnr. 4; ebenso im Verwaltungsrecht: vgl. Oberverwaltungsgericht für das Land Nordrhein-Westfalen, Beschl. v. 17.7.2008 – 18 A 1145/07 –, juris, Rdnr. 9 und Beschl. v. 18.7.2007 – 8 A 1075/06.A –, juris, Rdnr. 19.

8 Krit. zur Bezeichnung des Sachverständigen als „Richtergehilfen“ etwa *Geppert*, in: Festgabe f. Ulrich v. Lübtow, 1980, S. 773 (774).

9 Vgl. die Nachw. in Fn. 2.

10 Krit. dazu *Erb*, Die Abhängigkeit des Richters vom Sachverständigen, ZStW 121 (2009), 882 (886).

II. Abhängigkeit des Richters vom Sachverständigen

Der Sachverständige nimmt nach geltendem Strafprozessrecht zwar keine richterliche oder richterähnliche Stellung ein, aber diese Zustandsbeschreibung kollidiert in der Praxis mit dem Befund, dass der Sachverständige eben mit fachlichen Einschätzungen aufwartet, die der Richter womöglich nicht ohne weiteres daraufhin prüfen kann, ob sie letztlich auch zutreffen. Dies führt zu der Folgeproblematik, wie abhängig der Richter faktisch von einem Sachverständigen ist. In der Praxis gestaltet sich diese Problematik zunächst als eine Frage der Kommunikation zwischen Richter und Sachverständigem, und das ist weder eine überraschende noch neuartige Erkenntnis, sondern vielmehr ein seit geraumer Zeit auch in der Literatur beschriebenes Problem: „Das Missverständnis regiert!“, liest man etwa bei *Kaufmann* im Jahr 1985[11] und schon 1970 unternahm der promovierte Mediziner und Jurist *Arbab-Zadeh* den Versuch zu ergründen, warum sich bei Juristen zuweilen eine „...geistige Disharmonie mit Vertretern der naturwissenschaftlichen Fächer“ einstelle.[12]

Vor diesem Hintergrund ist es vorstellbar, dass die kommunikative Leistung zwischen Richter und Sachverständigem auch fehlgehen kann.[13] Kommt es hier zu einer Unüberwindbarkeit der Kommunikationsdefizite, so hat dies weitreichende Konsequenzen, da der Richter den Ausführungen des Sachverständigen nicht mehr aufgrund eigener Überzeugung (§ 261 StPO) folgen kann. Er müsste sich in diesen Fällen der Fachkompetenz des Sachverständigen unterwerfen und büßte damit einen erheblichen Teil der eigenen Entscheidungskompetenz ein.[14] Wie geht der Richter mit der Situation um, wenn er nicht in der Lage ist, sich selbst mit Hilfe des Sachverständigen über Fachfragen ein eigenes Urteil zu bilden, und er dennoch die Ausführungen des Sachverständigen zur Grundlage seiner Entscheidung machen

---

11 *Kaufmann*, Das Problem der Abhängigkeit des Strafrichters vom medizinischen Sachverständigen, JZ 1985, 1065 (1071).

12 *Arbab-Zadeh*, Des Richters eigene Sachkunde und das Gutachterproblem im Strafprozess, NJW 1970, 1214 (1217).

13 Schon *Arbab-Zadeh*, Des Richters eigene Sachkunde und das Gutachterproblem im Strafprozess, NJW 1970, 1214 (1217) weist darauf hin, dass dies keineswegs ein Verschulden eines Kommunikationspartners impliziert, sondern ebenso auf der Verschiedenheit von Ausbildungswegen und den unterschiedlichen Spezialmaterien beruht, in denen sich die Kommunikationspartner bewegen.

14 So auch *Erb*, Die Abhängigkeit des Richters vom Sachverständigen, ZStW 121 (2009), 882 (883).

möchte? Besteht möglicherweise eine Verpflichtung in den Urteilsgründen auf diesen Umstand hinzuweisen? Die in diesem Zusammenhang zuweilen anzutreffende Argumentation, der Richter habe den Sachverständigen nur solange zu befragen, bis er die Fachfragen verstanden habe, geht offensichtlich an der Realität vorbei. Hier dürfte bei der gegenwärtigen Gesetzeslage jedenfalls der revisionsgerichtlichen Kontrolle der Urteilsgründe die entscheidende Bedeutung zukommen. Im Hinblick auf Artikel 92 des Grundgesetzes ist zudem das Verfassungsrecht tangiert, wenn ein Teil der richterlichen Entscheidung faktisch auf den Sachverständigen übergeht.[15] Vor diesem Hintergrund kommt auch der Entscheidung über die Auswahl eines Sachverständigen maßgebliche Bedeutung zu.

C. Die Tätigkeitsfelder des Sachverständigen im Strafprozess

Die Aufgabenstellungen für einen Sachverständigen können von unterschiedlichster Art sein. Einig ist man sich darin, dass der Sachverständige Sachkunde, die in der Beherrschung allgemeiner Erfahrungsätze besteht, anwendet oder übermittelt.[16] Im medizinstrafrechtlichen Verfahren wird der Sachverständige regelmäßig ein Behandlungsgeschehen gutachterlich bewerten und Aussagen darüber treffen, ob – allgemein gesprochen – ein Behandlungsfehler vorgelegen hat. Im Gefolge der Rechtsprechung zur Patientenautonomie und dem bereits im hippokratischen Eid anzutreffenden Postulat „voluntas aegroti suprema lex“ hat man es als Verteidiger in jüngerer Zeit aber auch vermehrt mit palliativmedizinischen Gutachten zu tun. Hierbei geht es in der Regel neben der Frage nach einem Behandlungsfehler darum, wie sterbende Patienten in den letzten Augenblicken ihres Lebens betreut werden können, konkret: ob mit entsprechenden ärztlichen Maßnahmen Leiden verhindert oder zumindest hätten gemindert werden können. Zu erinnern ist an einen bekannt gewordenen Fall aus Mainz, bei dem sich ein Dialyse-Arzt und ein Notarzt handgreiflich auseinandersetzten, weil der Notarzt bei ersichtlicher Aussichtslosigkeit von Wiederbelebungsmaßnahmen den Sterbenden reanimieren und der Dialyse-Arzt den Patientenwillen,

---

15 Vgl. auch *Erb*, Die Abhängigkeit des Richters vom Sachverständigen, ZStW 121 (2009), 882 (884).

16 Vgl. BGH, NJW 2004, 3051 (3055); BeckOK-StPO-*Monka*, § 72, Rdnr. 1.

nämlich das Recht auf würdiges Sterben, durchsetzen wollte.[17] Die Staatsanwaltschaft, die den Vorfall gegen den Dialyse-Arzt mit dem Verdacht der Körperverletzung verfolgte, musste aufgrund des Sachverständigengutachtens das Ermittlungsverfahren einstellen.[18]

Die Tätigkeit des Sachverständigen kann aber auch darin bestehen, dass ein Gutachten über den Beschuldigten erstellt werden muss. In zunehmendem Maße werden im Rahmen entsprechender strafrechtlicher Ermittlungsverfahren, die dem Verdacht eines Tötungs- oder Körperverletzungsdelikts nachgehen, Schuldfähigkeitsbegutachtungen des Beschuldigten durchgeführt. Da in einer nicht unerheblichen Anzahl von Fällen die Wucht eines Ermittlungsverfahrens den Beschuldigten in fortgeschrittenem Alter trifft, sind Gutachten zur Frage der Verhandlungsfähigkeit ebenfalls nicht mehr ungewöhnlich. Insbesondere nach Beginn der Hauptverhandlung kann die Frage nach einer durch den Beschuldigten selbst herbeigeführten Verhandlungsunfähigkeit eine Rolle spielen. So hegte beispielsweise in einem umfangreichen Wirtschaftsstrafverfahren die Staatsanwaltschaft die Vermutung, dass sich ein Beschuldigter durch Einnahme bestimmter Tabletten selbst verhandlungsunfähig gemacht habe. Zur Nachforschung über diese Vermutung kam es bei dem inhaftierten Angeklagten nicht nur zur Zellendurchsuchung, sondern die Justizbediensteten sollten auch angewiesen werden, körperliche Ausscheidungen zu sichern. Dieser Fall ereignete sich zwar Anfang der 80er Jahre, aber neuere Entscheidungen zeigen, dass ähnliche Überlegungen auch heutzutage angestellt werden. So musste das Oberlandesgericht München in einer Entscheidung vom 10.9.2013 feststellen, dass die im Rahmen der Verfügung einer Strafkammer getroffene Anordnung, wonach der Angeklagte das von ihm an diesem Tag Erbrochene in einem Eimer aufzubewahren habe und dem Sachverständigen zum Zwecke der Untersuchung zur Verfügung stellen solle, rechtswidrig war. Das Oberlandesgericht München führte aus, dass der Angeklagte dadurch in seiner Menschenwürde (Art. 1 Abs. 1 GG) und in seinem allgemeinem Persönlichkeitsrecht (Art. 2 Abs. 1 GG) tiefgreifend beeinträchtigt wurde.[19]

---

17 http://www.aerztezeitung.de/politik_gesellschaft/article/614665/reanimation-nicht-notarzt-internist-liefern-handfesten-streit-krankenwagen.html (zuletzt abgerufen am 30.1.2014).

18 Vgl. StA Mainz, Verfügung vom 20.4.2012 – 3552 Js 2862/10.

19 Vgl. OLG München, Beschl. v. 10.9.2013 – 3 Ws 661 u. 662/13, veröffentlicht bei Burhoff online (zuletzt abgerufen am 30.1.2014).

Diese Beispiele verdeutlichen, dass der Verteidiger ein Augenmerk nicht nur auf mögliche Überschneidungen in der Stellung zwischen Sachverständigem und Richter, sondern auch darauf legen sollte, ob das avisierte Tätigkeitsgebiet den Gutachter in Konflikt mit verfassungsrechtlich fundierten Rechten des Beschuldigten bringt.

D. Handlungsmöglichkeiten und -gefahren im Ermittlungs-, Zwischen- und Hauptverfahren

Nachdem die mitunter problematische Rolle des Sachverständigen unter Berücksichtigung einiger Tätigkeitsfelder thematisiert wurde, ist der Fokus nunmehr auf einige Brennpunkte zu richten, die an Handlungsmöglichkeiten und -gefahren für die Verteidigung im Ermittlungs-, Zwischen- und Hauptverfahren anknüpfen.

I. Ermittlungsverfahren

1. Die Beauftragung und Ablehnung des Sachverständigen

In der Regel erfolgt in den hier interessierenden Verfahren die Beauftragung eines Sachverständigen durch die Staatsanwaltschaft im Ermittlungsverfahren, gelegentlich auch durch die Polizei. Für die Verteidigung bedeutsam ist die Regelung in RiStBV 70, wonach dem Verteidiger Gelegenheit zur Stellungnahme vor Auswahl des Sachverständigen zu geben ist. Dies gilt allerdings unter Beachtung der dort niedergelegten Ausnahmen dann nicht, wenn eine Gefährdung des Untersuchungszwecks oder eine Verzögerung des Verfahrens zu besorgen ist oder es sich um ein Routinegutachten handelt. Nicht immer wird von den Ermittlungsbehörden der sich in RiStBV 70 ausdrückende Gedanke des rechtlichen Gehörs, der auch für das Gericht gilt, beachtet. Es ist zu konstatieren, dass in der Regel die Nichtbeachtung der vorherigen Anhörung der Verteidigung sanktionslos bleibt. Ein von einigen Kreisen gefordertes entsprechendes Beweisverwertungsverbot hat sich nicht durchgesetzt. Handelt es sich um eine Entscheidung des Gerichts, so sind § 33 StPO sowie § 33a StPO zu beachten. Insbesondere § 33a StPO, der Anspruch auf Nachholung des rechtlichen Gehörs, könnte dazu führen, dass die Auswahlentscheidung eines Sachverständigen nachträglich aufgehoben wird und die Angelegenheit in die Lage vor der Auswahlentscheidung versetzt wird. Würde das Gericht in diesem Fall die nachträgliche Gewährung des rechtlichen Gehörs ablehnen, so wäre hiergegen jedenfalls bei einer Ablehnung des Antrages als unzulässig auch die Beschwerde nach § 304 StPO zulässig.[20]

Im Zusammenhang mit der Bestellung eines Sachverständigen ist festzustellen, dass der durch die Staatsanwaltschaft beauftragte Sachverständige in der Regel auch derjenige Sachverständige ist, den das Gericht anhören wird, sofern das Gericht davon absieht, für das Hauptverfahren einen eigenen Sachverständigen zu beauftragen. So entscheidet sich oft mit der Auswahl des Sachverständigen durch die Staatsanwaltschaft schon der Ausgang des Verfahrens. Unter verteidigungsstrategischen Aspekten ist zu diesem Zeitpunkt zu prüfen, ob eine Ablehnung des Sachverständigen bereits vor der Begutachtung erfolgen sollte. Hierbei kann, wie eine jüngere Entscheidung des OLG Koblenz[21] zu der erfolgreichen Ablehnung eines Sachverständigen gezeigt hat, auch ein Blick in das Internet, insbesondere auf einen Internetauftritt des Sachverständigen hilfreich sein. Ebenso sollte spätestens zu diesem Zeitpunkt den Möglichkeiten der Bildgebung zur Klärung von Behandlungsfehlervorwürfen Beachtung geschenkt werden. Gerade zur Klärung von Todesfällen kann die postmortale Bildgebung beitragen und Beweissicherung für weitere Gutachten sein. Zu Bedenken ist aber stets, dass dabei auch nachteilige Befunde für den Mandanten festgestellt werden können.

2. Kontaktaufnahme zum Sachverständigen und Schweigepflicht

Aus dem Bereich des Ermittlungsverfahrens sind auch die Frage der Kontaktaufnahme zu einem Sachverständigen durch den Verteidiger und die Problematik der möglichen Verletzung einer ärztlichen Schweigepflicht durch den Sachverständigen relevant. Grundsätzlich ist eine Kontaktaufnahme zu einem Sachverständigen nicht von vornherein unzulässig,[22] ggf.

---

20 Vgl. dazu OLG Hamm, Beschl. v. 17.10.2013 – III-1 Ws 469/13, 1 Ws 469/13 –, juris, Rdnr. 6; OLG Celle, Beschl. v. 1.8.2012 – 1 Ws 290/12, 1 Ws 291/12 –, juris, Rdnrn. 4 f.; Bayerischer Verfassungsgerichtshof, Entscheidung v. 12.5.2010 – Vf. 117-VI-09 –, juris, Rdnr. 28; aA OLG Frankfurt, NStZ-RR 2012, 315.

21 OLG Koblenz, Beschl. v. 24.1.2013 – 4 W 645/12 = ZMGR 2013, 171 ff. (m. Anm. *Gröschl*, ZMGR 2013, 175 ff.) = MedR 2013, 379 ff. (mit Anm. *Neelmeier/ Lindemann*, MedR 2013, 383 f.).

22 Vgl. dazu OLG Frankfurt, NStZ-RR 2005, 235 f.

hat der Sachverständige dies zu dokumentieren und, soweit dies nicht bereits der Verteidiger unternimmt, die Kontaktaufnahme transparent zu machen.[23] Weist der Verteidiger bei entsprechender Konstellation den Sachverständigen darauf hin, dass ohne eine notwendige Entbindung von der Schweigepflicht die unbefugte Weitergabe erlangter Informationen strafbar sei, wird damit nicht der Ausschließungsgrund des § 138a Abs. 1 Nr. 3 StPO erfüllt. Denn ein hinreichender Verdacht bzgl. einer Handlung des Verteidigers, die für den Fall der Verurteilung des Angeklagten eine zumindest versuchte Strafvereitelung gem. §§ 258, 22, 23 Abs. 1 StGB darstellte, ergibt sich daraus nicht; so in aller Deutlichkeit z. B. das OLG Frankfurt in einem Beschluss aus dem Jahre 2005.[24]

II. Zwischenverfahren

1. Das schriftliche Gutachten

Neben dem Ermittlungsverfahren gilt die Aufmerksamkeit des Verteidigers auch dem Zwischenverfahren. Denn spätestens im Zwischenverfahren wird man sich intensiv mit dem in der Regel vorliegenden vorläufigen schriftlichen Gutachten auseinander zu setzen haben. Hierbei ist zu bedenken, dass die in § 79 Abs. 2 StPO enthaltene Formel, wonach der Sachverständige nach bestem Wissen und Gewissen zu handeln habe, hinter den wissenschaftlichen Möglichkeiten eines Sachverständigen zurück bleibt. Ein bestmögliches Wissen und Gewissen des einzelnen Sachverständigen wäre als alleinige Bewertungsmaxime der Patientenbehandlung nicht ausreichend und könnte daher auch bei gutachterlichen Bewertungen nicht genügen. Deshalb hat der medizinische Sachverständige bei seinen Entscheidungen und Bewertungen neben seinem persönlichen Erfahrungswissen den gegenwärtig anerkannten Wissensstand – basierend zum Beispiel auf evidenzbasierten Studienergebnissen – zu berücksichtigen.[25]

---

23 Vgl. auch OLG Saarbrücken, MDR 2005, 233.

24 OLG Frankfurt, NStZ-RR 2005, 235 f.

25 Vgl. *Tsambikakis*, in: Widmaier, Münchener AnwHdb. Strafverteidigung, 1. Aufl. 2006, § 82, Rdnrn. 25 ff.; zu Expertenmeinungen vgl. auch OLG Düsseldorf, Urt. v. 14.6.2007 – I-8 U 100/05, 8 U 100/05 –, juris, Rdnr. 25.

2. *Die Bedeutung von Leitlinien*

Der Sachverständige sollte sich stets vergegenwärtigen, dass die gutachterliche Abwägung, ob eine diagnostische oder therapeutische Maßnahme angemessen war oder nicht, zu allererst nach dem allgemein anerkannten Erkenntnisstand der Wissenschaft zum Zeitpunkt der Handlung und nicht pauschal nach schriftlich fixierten Inhalten von Leitlinien zu bewerten ist, auch wenn diese in der überwiegenden Zahl der Fälle den Stand der Wissenschaft zutreffend abbilden.[26] Folgt man dieser Argumentation, wird deutlich, dass ein bloßer Verstoß gegen Leitlinien nicht zwangsläufig einen Behandlungsfehlerverdacht indiziert, soweit eine medizinisch plausible Erklärung für die Abweichung von einer gültigen Leitlinie vorliegt.[27] Im konkreten Fall ist immer noch zu prüfen, ob die gewählte Art der Diagnostik und Therapie medizinisch und nach dem Stand der Wissenschaft zumindest vertretbar war und sogar vom Patienten gewünscht wurde (Stichwort: Komplementärmedizin) und ob der Patient dabei über die Risiken einer von den Leitlinien abweichenden medizinischen Vorgehensweise detailliert aufgeklärt wurde. Hierbei sollte der Sachverständige der Fachgruppe angehören, der auch der Beschuldigte angehört. In dem Zusammenhang werden allerdings Bedenken angemeldet, wonach entscheidend weniger das eigene Fachgebiet als vielmehr das Spektrum des durch den Beschuldigten eigenverantwortlich behandelten Patientenguts sein soll.[28] Bei Überschreitung der eigenen Fachgrenzen kommt danach auch die Begutachtung durch einen Sachverständigen des Fachgebiets in Betracht, in die die Behandlungsmaßnahme allgemein fällt.[29]

Von zentraler Bedeutung in diesem Zusammenhang ist mehr denn je die Diskussion um die wissenschaftlichen Leitlinien. Die wissenschaftlichen Leitlinien können wichtige Entscheidungshilfen darstellen und je nach Evidenzstufe auch ein gesichertes Fundament für die fachliche Entscheidung

---

26 Vgl. etwa BGH, GesR 2008, 361 f.; Thüringer Oberlandesgericht, Urt. v. 1.6.2010 – 4 U 498/07 –, juris, Rdnr. 36.

27 BGH, GesR 2008, 361 f.; OLG Köln, Beschl. v. 16.5.2012 – 5 U 234/11 –, juris, Rdnr. 4.

28 Vgl. etwa die (zivilrechtliche) Entscheidung des OLG Hamm, Urt. v. 12.8.2013 – I-3 U 122/12, 3 U 122/12 –, juris, Rdnr. 33 = GesR 2013, 728 ff.

29 OLG Hamm, Urt. v. 12.8.2013 – I-3 U 122/12, 3 U 122/12 –, juris, Rdnr. 33 = GesR 2013, 728 ff.; in dieser Richtung etwa auch das Brandenburgische Oberlandesgericht, Urt. v. 31.3.2011 – 12 U 44/10 –, juris, Rdnr. 18.

bilden.[30] In keinem Fall entbinden sie den Gutachter jedoch von einer Beurteilung der medizinischen Sachlage im konkreten Einzelfall.[31] Gerade die undurchsichtigen jüngeren Vorgänge um die von der European Society of Cardiology (ESC) veröffentlichte Leitlinie haben – so beurteilte es etwa die Ärztezeitung[32] – an den Grundfesten von Leitlinien gerüttelt. Hintergrund war, dass sich der für die entsprechende Leitlinie verantwortliche Kardiologe eines „wissenschaftlichen Fehlverhaltens“ schuldig gemacht hatte und von seinem Posten als Leiter des Leitlinienkomitees zurückgetreten war. Die der Leitlinie zugrunde gelegte Datenlage ist seither völlig unklar. Auch in anderen Fällen gibt es Diskussionen um die Datengrundlage, die zur Entwicklung von Leitlinien geführt hat. Insbesondere wird angeführt, dass in Leitlinien nicht nur medizin-wissenschaftliche, sondern auch ökonomische und organisatorische Aspekte einer Kosten-Nutzen-Analyse im Gesundheitswesen einfließen, deren Einfluss auf die medizinische gutachterliche Bewertung kritisch zu hinterfragen wäre. Dies gilt für die Zukunft ebenso im Hinblick auf die Brüsseler Regulierungswut. Die Überlegungen des Europäischen Komitees für Normung, Standards für die ästhetische Chirurgie zu entwickeln (DIN EN 16372, im Mai 2013 zurückgezogen) hat der Präsident der Bundesärztekammer *Montgomery* kommentiert mit: „Nach den Bananen jetzt die Patienten?“[33]

Vor dem Hintergrund dieser aktuellen Diskussion sollte ein Sachverständigengutachten, das sich ohne kritische Auseinandersetzung mit Leitlinien allein auf diese stützt, stets hinterfragt werden.

Hieran schließt sich die Frage, wie dabei vorgegangen werden soll. Denkt man an eine Beauftragung eines eigenen Sachverständigen, so käme ein methodenkritisches Gutachten, welches sich ausschließlich mit dem vorläufigen schriftlichen Gutachten befasst, oder aber ein inhaltliches Gutachten in Betracht. Hier bestehen nach wie vor die Probleme darin, dass dem „eigenen“ Sachverständigen die Grundlagen für die Begutachtung zur Verfügung gestellt werden müssten. Oft kann dies nur im Zusammenwirken mit der Staatsanwaltschaft oder dem Gericht erfolgen. Dieser Umstand führt

---

30 Thüringer Oberlandesgericht, Urt. v. 1.6.2010 – 4 U 498/07 –, juris, Rdnr. 36.

31 BGH, GesR 2008, 361 f.; zu ausländischen Leitlinien OLG München, Urt. v. 14.3.2013 – 1 U 1781/12 –, juris, Rdnr. 15; OLG Hamm, Urt. v. 12.8.2013 – I-3 U 122/12, 3 U 122/12 –, juris, Rdnr. 29 = GesR 2013, 728 ff.

32 www.aerztezeitung.de/medizin/krankheiten/herzkreislauf/article/844831/betablocker-perioperativ-gefaehrliche-empfehlung.html (zuletzt abgerufen am 30.1.2014).

33 *Montgomery*, EU-Normen: Nach den Bananen jetzt die Patienten?, VW 2011, 1469.

zwangsläufig dazu, dass die Staatsanwaltschaft oder das Gericht Kenntnis von der beabsichtigten Beauftragung eines Sachverständigen erlangen. Hier wird man sich später, falls ein eigenes Gutachten nicht präsentiert werden wird, auf die Frage einstellen müssen, was die Begutachtung ergeben habe, bis hin zu der Situation, dass der unter Umständen namentlich bekannt gewordene Sachverständige von dem Gericht oder der Staatsanwaltschaft als Zeuge geladen wird.

III. Hauptverhandlung

In der Hauptverhandlung ergeben sich Ansätze für die Verteidigung durch die mündliche Anhörung, Beantragung der Beauftragung eines weiteren Sachverständigen sowie ggf. die Selbstladung eines eigenen Sachverständigen und die Möglichkeit, den Sachverständigen ablehnen zu können. Erfolgreich abgelehnt werden kann ein Sachverständiger auch dann, wenn er auf eine Stellungnahme zu seinem Gutachten persönlich betroffen und verbal aggressiv reagiert. Ein anschauliches Beispiel hierfür liefert ein Beschluss des OLG Hamm vom 20.1.2010.[34] Hier hatte der Sachverständige in seiner ergänzenden Stellungnahme von einer „Strategie der Falschbehauptung durch Faktenverdrehung" gesprochen. Er fragte den „geneigten Leser" sogar, ob hinter einer von ihm angenommenen sinnentstellenden Vermengung dreier Befundregionen entweder Ignoranz und Inkompetenz oder Vorsatz stünden. Zu von ihm selbst festgestellten Markierungen auf den Röntgenfilmen führte dieser Sachverständige aus, dass es „völliger Unsinn" sei, dass auf diesen Bildern Frakturen gekennzeichnet worden seien. Die Ausführungen mündeten schließlich darin ein, dass dieser Sachverständige eine in dem Verfahren abgegebene anwaltliche Stellungnahme wie folgt kommentierte: „Nach der persönlichen, über 20-jährigen Erfahrung des Gutachters als medizinischer Sachverständiger stelle diese anwaltliche Stellungnahme in ihrer mangelnden Faktenorientierung und analytischen Flachheit, ihrem dröhnenden Wortgestus und alles Sachliche erstickenden logorrhoischen Wortschwall ein Unikat anwaltlicher Tätigkeit dar."[35]

---

34 OLG Hamm, Beschl. v. 20.1.2010 – I-1 W 85/09, 1 W 85/09.

35 OLG Hamm, Beschl. v. 20.1.2010 – I-1 W 85/09, 1 W 85/09 –, juris, Rdnr. 7.

1. Unterstützung durch weiteren Gutachter

Die inhaltliche Auseinandersetzung mit dem Sachverständigengutachten im Rahmen der Hauptverhandlung bietet – eigenständig vorbereitet oder fachlich unterstützt – Ansatzpunkte dafür, ggf. ein anderes Ergebnis zu erzielen, als es sich zunächst nach dem vorläufigen schriftlichen Gutachten angedeutet hatte. Wegen der Schwierigkeiten der medizinischen Fachfragen ist die Unterstützung durch einen eigenen Sachverständigen hier vorzuziehen. Im Rahmen dieses Beitrages kann nicht auf die Besonderheiten der Selbstladung eines Sachverständigen gem. § 245 StPO näher eingegangen werden. Es ist jedoch darauf hinzuweisen, dass der präsentierte Sachverständige sich nicht dem Anschein der Befangenheit aussetzen sollte. Denn das Ablehnungsrecht steht gemäß § 74 Abs. 2 S. 1 StPO auch der Staatsanwaltschaft zu. Dies hätte zur Konsequenz, dass ein bereits erstattetes Gutachten des eigenen Sachverständigen nicht verwertet werden könnte.[36] Vor dem Hintergrund der Schwierigkeiten, überhaupt einen eigenen Sachverständigen zu bekommen und diesen dann in das Verfahren prozessordnungsgemäß einbringen zu können, ist dies sicherlich kein erstrebenswertes Ergebnis.

2. Sachverständiger und sachverständiger Zeuge

Schließlich ist die Abgrenzung zwischen dem Sachverständigen und dem sachverständigen Zeugen anzusprechen. Der sachverständige Zeuge soll Tatsachen oder Zustände bekunden, für deren Wahrnehmung eine besondere Sachkunde erforderlich ist (§ 85 StPO).[37] Nicht in den Aussagebereich des sachverständigen Zeugen gehören von ihm gezogene Schlussfolgerungen oder Wertungen. Diese sind ausschließlich dem gerichtlich bestellten oder präsentierten Sachverständigen vorbehalten.[38] Des Weiteren kann der sachverständige Zeuge – anders als der Sachverständige – nicht wegen Besorgnis der Befangenheit abgelehnt werden.[39] In diesem Zusammenhang relevant ist auch der Hinweis, dass ein nachbehandelnder Arzt als Zeuge und nicht

---

36 Vgl. BeckOK-StPO-*Monka*, § 74, Rdnr. 10; ferner BGH, NStZ 2002, 44 (45).

37 Vgl. BGH, NStZ 1984, 465; OLG Düsseldorf, Beschl. v. 07.01. 2014 – III-1 Ws 430/13, 1 Ws 430/13 –, juris, Rdnr. 5; ferner Oberverwaltungsgericht für das Land Nordrhein-Westfalen, Beschl. v. 18.7.2007 – 8 A 1075/06.A –, juris, Rdnr. 20.

38 Vgl. Karlsruher Kommentar zur StPO-*Senge*, 7. Aufl. 2013, § 85, Rdnr. 4.

39 Karlsruher Kommentar zur StPO-*Senge*, 7. Aufl. 2013, § 85, Rdnr. 2.

als Sachverständiger zu befragen ist, wenn er keine fachliche Beurteilung der Vorbehandlung erstellen, sondern angeben soll, welchen objektiven Ausgangsbefund er bei seinem Behandlungsbeginn vorgefunden habe.[40] Hier ist in der Regel die Neigung groß, diesen nachbehandelnden Arzt wegen Besorgnis der Befangenheit ablehnen zu wollen, was jedoch in diesem Fall aufgrund seiner Rolle als sachverständiger Zeuge nicht möglich ist.

E. Revisionsgerichtliche Kontrolle von Sachverständigengutachten

Die Ausführungen zu diesem Punkt beschränken sich auf die revisionsgerichtliche Kontrolle der Beweiswürdigung des Tatrichters und insbesondere auf die Prüfung, ob die Urteilsgründe den Anforderungen genügen, die an die Wiedergabe von Ausführungen eines Sachverständigen zu stellen sind.

Nach ständiger Rechtsprechung des Bundesgerichtshofs ist der Tatrichter grundsätzlich verpflichtet, die wesentlichen tatsächlichen Grundlagen des Gutachtens und die vom Sachverständigen daraus gezogenen Schlussfolgerungen insoweit mitzuteilen, als dies zum Verständnis des Gutachtens und zur Beurteilung seiner Schlüssigkeit notwendig ist.[41] Damit das Revisionsgericht überprüfen kann, ob die Beweiswürdigung auf einer rechtlich einwandfreien Grundlage beruht oder ob sich dabei etwa Denkfehler oder Verstöße gegen Erfahrungssätze eingeschlichen haben, muss das Gericht die eigenen Erwägungen in den Urteilsgründen niederlegen. Ist das Gericht zu eigenen Erwägungen aufgrund der schwierigen Fachfragen nicht in der Lage und will es sich darauf beschränken, sich der Beurteilung des Sachverständigen anzuschließen, so sind die wesentlichen tatsächlichen Grundlagen, an die die Schlussfolgerungen des Gutachtens anknüpfen, und die Art dieser Folgerungen wenigstens insoweit im Urteil mitzuteilen, als dies zum Verständnis des Gutachtens und zur Beurteilung seiner gedanklichen Schlüssigkeit im Revisionsrechtszug erforderlich ist.[42] Hier bietet sich für die Revisionsgerichte die Möglichkeit der Sicherung der Qualität von Sachverständigengutachten. Gerade in den Fällen, in denen die Verteidigung er-

---

40 Vgl. zum Zivilprozess OLG Koblenz, MedR 2012, 264 ff.

41 BGH, NJW 1989, 176 (178); BGH, Urt. v. 13.10.1992 – 1 StR 399/92 –, juris, Rdnr. 3 – insoweit in NStZ 1993, 278 nicht abgedruckt; BGH, Beschl. v. 18.12.1986 – 4 StR 668/86 –, juris, Rdnr. 8.

42 BGH, NStZ 2013, 177 (178); vgl. auch BGH, NStZ-RR 2014, 8; NStZ 2012, 650 (651); BGH, Beschl. v. 13.8.2013 – 4 StR 249/13 –, juris, Rdnr. 4.

kennt, dass das Gericht den Ausführungen des Sachverständigen in den Details nicht folgen kann, sondern sich mit etwaigen Leerformeln den Ausführungen des Sachverständigen anschließen will, bieten sich Kontrollmöglichkeiten: Liest man also beispielsweise, das Gutachten sei schlüssig, in sich widerspruchsfrei und überzeugend, der Sachverständige habe den Sachverhalt umfassend berücksichtig und sorgfältig gewürdigt und sei darüber hinaus als Gutachter anerkannt und aus früheren Begutachtungen als zuverlässig bekannt, so ist zu überlegen, ob man im Hinblick auf die Revision schon in der Tatsacheninstanz durch einen Beweisantrag die Anhörung eines weiteren Sachverständigen zu erzwingen versucht. In der Regel wird das Gericht den entsprechenden Beweisantrag gem. § 244 Abs. 4 S. 2 HS 1 StPO mit der Begründung ablehnen, dass durch das eingeholte Gutachten das Gegenteil der unter Beweis gestellten Tatsache bereits erwiesen sei. Hier ist mit *Erb*[43] richtigerweise aber zu fordern, dass der Beweisantrag mit dieser Begründung nur dann abgelehnt werden darf, wenn sich der Richter anhand des ersten Gutachtens eine fundierte eigene Überzeugung bilden konnte und er nicht ausschließlich der allgemeinen Sachkunde des Gutachters vertrauen will. Allerdings ist anzuführen, dass der Bundesgerichtshof es dem Tatrichter durchaus erlaubt, sich wegen „der schwierigen Materie“ in der Beweiswürdigung auf die Prüfung zu beschränken, ob der Sachverständige ein erprobter und zuverlässiger Vertreter seines Fachs ist und daher auf seine Sachkunde in diesem Bereich vertraut werden und die Einholung eines weiteren Gutachtens abgelehnt werden kann.[44] Kommt es zur Ablehnung, so kann die Verteidigung in diesen Fällen nur noch mit dem Einsatz eines präsenten (weiteren) Sachverständigen nach § 245 Abs. 2 S. 1 StPO agieren.

Ein weiterer Aspekt der Sicherung der Qualität von Sachverständigengutachten durch die Revisionsgerichte ist die Formulierung von Mindeststandards für Gutachten. Hier ist auf die schon etwas zurückliegende Entscheidung des 1. Strafsenats des Bundesgerichtshofs für aussagepsychologische Gutachten hinzuweisen.[45] Viele Strafverteidiger, die in diesem Bereich tätig sind, werden erlebt haben, welche Änderungen sich dadurch für die Qualität entsprechender Sachverständigengutachten einstellten. Der Umgang der Tatgerichte mit diesen Gutachten hat sich gravierend verändert und genügt das eingeholte vorläufige schriftliche Gutachten nicht den Min-

---

43 *Erb*, Die Abhängigkeit des Richters vom Sachverständigen, ZStW 121 (2009), 882 (884 f.).

44 BGH, NJW 1989, 176 (178) mwN.

45 BGH, NJW 1999, 2746 ff.

deststandards, so ergeben sich in der Regel erfolgreiche Ansätze für die Verteidigung. Es wird sicherlich nicht möglich sein, auf allen Fachgebieten entsprechende Mindeststandards zu formulieren, dennoch wäre es wünschenswert, wenn auch in weiteren Bereichen entsprechende Mindeststandards etabliert würden, ohne dass es erst eines krassen Falles bedürfte, der den Bundesgerichtshof zu einer solchen Maßnahme veranlasste.

Autorenverzeichnis

Dr. Rolf Schwedhelm

Rechtsanwalt, Fachanwalt für Steuerrecht
Streck Mack Schwedhelm Rechtsanwälte, Köln Berlin München

Rolf Schwedhelm studierte Rechtswissenschaften in Bielefeld und Göttingen und ist seit 1985 als Rechtsanwalt tätig. Er promovierte auf dem Gebiet des Steuerrechts und ist Mitglied des Geschäftsführenden Ausschusses der Arbeitsgemeinschaft Handels- und Gesellschaftsrecht des Deutschen Anwaltvereins. Zudem ist er Vorsitzender des Aufsichtsrats der Deutschen Anwaltakademie und Mitglied des Aufsichtsrats der H&R AG, Salzbergen.

Korrespondenzanschrift:
Streck Mack Schwedhelm Rechtsanwälte
Wilhelm-Schlombs-Allee 7–11
50858 Köln (Junkersdorf)
E-Mail: rolf.schwedhelm@streck.net

Prof. Dr. Dirk Olzen

Direktor des Dr. med. Micheline Radzyner Instituts für Rechtsfragen der Medizin an der juristischen Fakultät der Heinrich-Heine-Universität, Düsseldorf

Dirk Olzen ist seit 1994 Inhaber eines Lehrstuhls für Bürgerliches Recht und Zivilprozessrecht an der Heinrich-Heine-Universität Düsseldorf und seit 1999 Direktor des Instituts für Rechtsfragen der Medizin. Gemeinsam mit Prof. Dr. Helmut Frister betreut er den LL.M.-Studiengang Medizinrecht, in dem er selbst Vorlesungen zum Rechtsverhältnis zwischen Arzt und Patient sowie zum Betreuungsrecht hält. Er ist seit 1989 Mitherausgeber der Juristischen Rundschau (JR). Ebenso ist er Mitglied der Ethikkommission der Ärztekammer Nordrhein, sowie Studienleiter der Verwaltungs- und Wirtschaftsakademie Wuppertal.

Korrespondenzanschrift:
Lehrstuhl für Bürgerliches Recht und Zivilprozessrecht
Juristische Fakultät der Heinrich-Heine-Universität
Universitätsstraße 1
40225 Düsseldorf
E-Mail: olzen@uni-duesseldorf.de

Prof. Dr. Helmut Frister

Geschäftsführender Direktor des Dr. med. Micheline Radzyner Instituts für Rechtsfragen der Medizin an der juristischen Fakultät der Heinrich-Heine-Universität, Düsseldorf
Helmut Frister ist seit 1994 Inhaber eines Lehrstuhls für Strafrecht und Strafprozessrecht an der Heinrich-Heine-Universität Düsseldorf und seit 1999 Direktor des Instituts für Rechtsfragen der Medizin. Gemeinsam mit Prof. Dr. Dirk Olzen betreut er den LL.M.-Studiengang Medizinrecht, in dem er selbst Vorlesungen zum Arztstrafrecht hält. Er ist Mitglied der Ethikkommission für klinische Arzneimittelforschung an der medizinischen Fakultät der Heinrich-Heine-Universität, des Ethikrates des Universitätsklinikums Düsseldorf und einer Arbeitsgruppe zur Erarbeitung von „Eckpunkten für ein Fortpflanzungsmedizingesetz“ der Nationalen Akademie der Wissenschaften Leopoldina.
Korrespondenzanschrift:
Lehrstuhl für Strafrecht und Strafprozessrecht
Juristische Fakultät der Heinrich-Heine-Universität
Universitätsstraße 1
40225 Düsseldorf
E-Mail: frister@uni-duesseldorf.de

Thomas Wostry

Rechtsreferendar bei dem Landgericht Düsseldorf
Wissenschaftlicher Mitarbeiter am Institut für Rechtsfragen der Medizin Düsseldorf
Thomas Wostry studierte Rechtswissenschaft an den Universitäten Konstanz und Düsseldorf. Während des Studiums war er studentischer Mitarbeiter am Lehrstuhl für Strafrecht und Nebengebiete von Prof. Dr. Rudolf Rengier, Universität Konstanz, und am Lehrstuhl für Strafrecht und Strafprozessrecht von Prof. Dr. Helmut Frister, Universität Düsseldorf. Wostry schließt derzeit eine Dissertationsschrift aus dem Bereich des Wirtschaftsstraf- und Bilanzrechts ab. Er hat zu wirtschafts- und medizinstrafrechtlichen sowie zu vertragsarztrechtlichen Problemstellungen sowohl als Co-Autor als auch in Einzelbeiträgen publiziert und hält Vorträge und Vorlesungen zu wirtschaftsstraf- und medizinrechtlichen Themen, u.a. zum ärztlichen Behandlungsfehler und zum Patientenrechtegesetz. Derzeit ist er Rechtsreferendar bei dem Landgericht Düsseldorf und als wissenschaftlicher Mitarbeiter am Institut für Rechtsfragen der Medizin Düsseldorf sowie in der medizinrechtlichen Sozietät Ratajczak & Partner tätig.
Korrespondenzanschrift:
Institut für Rechtsfragen der Medizin Düsseldorf
Universitätsstraße 1
Geb. 24.91
40225 Düsseldorf
E-Mail: thomas.wostry@uni-duesseldorf.de

Harald Wostry

Rechtsanwalt, Fachanwalt für Medizinrecht und für Strafrecht
Harald Wostry wurde 1956 in Essen geboren und studierte von 1975 bis 1979 Rechtswissenschaft an der Ruhr-Universität Bochum. 1979 legte er das erste juristische Staatsexamen in Hamm ab und trat von 1980 bis 1982 die Referendarzeit in Essen und Düsseldorf an. Nach dem zweiten juristischen Staatsexamen in Düsseldorf erfolgte 1983 die Niederlassung als Rechtsanwalt. Wostry ist Fachanwalt für Medizin- und Strafrecht und seit 2007 Partner in der Anwaltspartnergesellschaft Ratajczak & Partner sowie Dozent im Rahmen der Fortbildung für Fachanwälte und der Referendarausbildung. Er ist Autor zahlreicher gemeinschaftlicher Beiträge und von Einzelpublikationen. Zudem ist er als Referent zu Themen des Straf- und des Medizinrechts tätig.

Korrespondenzanschrift:
Ratajczak & Partner Rechtsanwälte
Alfredstraße 310
45133 Essen-Bredeney
E-Mail: wostry@rpmed.de

FSC
www.fsc.org
MIX
Papier | Fördert gute Waldnutzung
FSC® C083411

Kolibri 360 GmbH
Ferdinand-Jühlke-Straße 7
99095 Erfurt, Deutschland
produktsicherheit@kolibri360.de